歴史を歩く　深掘り神奈川

泉　秀樹

PHP文庫

○本表紙図柄＝ロゼッタ・ストーン（大英博物館蔵）
○本表紙デザイン＋紋章＝上田晃郷

はじめに

だれが住んでいる家の、表にでも、裏にでも、道があるはずだ。その、なんの変哲もない道を、僕たちは毎日なにげなく歩いたり、車で走ったりして生活している。しかし、そのなんの変哲もない道を歩き、その小さな地域の、郷土史をちょっと深掘りしてみたら、誰もが知っている大きな日本史に重大な影響をあたえていたり、地球規模の世界史につながっていることがわかる、というようなスケールの大きな、ひろがりのあるテレビ番組はできないか。

「J：COM湘南」の社長であった高平太氏から「歴史番組をやってみませんか」といわれたとき、僕はそう考えた。そして、『泉秀樹の歴史を歩く』という番組の原作とナビゲーターを担当することになったのだが、神奈川を中心とする歴史の現場を徹底して細密に歩くこの番組は、約五年、おかげさまで高い視聴率を保持できているようだ。ということは、男女を問わず歴史の深掘りが大好きだという人が相当数いる証拠だといえよう。

本書は、この番組の原作を二十篇抽出したものだが、その後、いまいちど見直し、新しい説なども書き加えてある。したがって、ここには放送された番組とは異なる物語が描かれているともいえるのだ。

『歴史を歩く 深掘り神奈川』◎目次

第一章 鎌倉・江の島

7　軍港・横須賀と小栗上野介【横須賀】

幕府とフランスが建設した港町の光と影

8　旗本になったイギリス人【横須賀】

異国に暮らした三浦按針の「その後」

12 家康と藤沢と影武者【藤沢・平塚】

13 松本良順と大磯別荘群【大磯】

第四章　箱根・小田原

第一章　鎌倉・江の島

1　源実朝暗殺の謎とテロリズム【鎌倉】

三代将軍・源実朝を討った公暁の黒幕

「テロリズム」とは何か

テロリズム（terrorism）とは暴力主義のことである。政治的目的のために暴力そのものかその脅威を利用する傾向を指し、テロリスト（terrorist）は暴力革命主義者を指す。

もともとは政治用語で、一七八九年から一七九九年のフランス革命時のジャコバン党員やその熱狂的な支持者、それも「恐怖政治」に関係している人々を指した。そして新しく誕生した革命政府は反革命派や旧体制（アンシャンレジーム）の保守派を次々と断頭台（ギロチン）に載せた。

革命の指導者マクシミリアン・ロベスピエールは民主的な国家をつくり出すためには、ときには「恐怖」を使うこともやむをえないことで、それは「徳性《とくせい》」にもなりえると考えたのである。もっとも、ロベスピエール自身がのちに政争に敗れてギロチンで処刑されることになったが。

さらにフランス革命の影響でイタリアに過激な共和制支持者カルロ・ピサカーネなる人物が登場する。

ピサカーネはブルボン王朝支配に反抗して一八五七年に殺されたが、「行動」こそ一般大衆を教育し、団結させると説いた。

このピサカーネの「実際に行動して宣伝（プロパガンダ）する」という理論こそテロリストの原点であり、この理論で彼は「テロリストの元祖」といわれるようになった。以降、凶悪なピサカーネの後継者が続出したことはご存知の通りである。

帰宅途中のサラリーマンを商店街の外れの暗がりで殺して金を奪っても、不倫の交際相手を殺して山や海に投棄してもテロでも暗殺でもない。それはただの殺人である。

では「暗殺」とは何か？

「あん‐さつ【暗殺】　ひそかにねらって人を殺すこと」（『広辞苑』）である。

「暗」という文字には暗黙・幽暗《ゆうあん》などの意味がある。古くは「闇」と表記され、本来は「神の音なひ」をいった。神はそれとなく、人知れずあらわれるので幽暗の意味が生じた。

つまり、神のあらわれる闇を「暗」といったのである。だから「暗」という字は「暗愚《あんぐ》」などというコトバに使用されるのははなはだしく神意にそむくという（『字統』白川静)。

「暗」はもちろん「暗殺」などというコトバには使用されるべき文字ではないわけだが、しかし、暗殺者は被害者となる人間の生殺与奪《せいさつよだつ》の権をにぎっている。漆黒の闇の奥から不意にあらわれて生命を支配するわけだから暗殺者みずからが神になる、という皮肉な解釈もできるだろう。

暗殺は英語ではアサッシネーション(assassination)。暗殺者はアサシン(assassin)である。

〈assassin〉を英和辞典でひいてみると「暗殺者、刺客《しかく》」とあり、theがつくと「十字軍の戦士を暗殺するために派遣された回教狂信者たち」を指す。十字軍時代にキリスト教徒を暗殺したムスリムの秘密結社員のことだともいう。

彼等はハッシッシ(大麻)を服用して「山の古老」と呼ばれる首長の命令で暗殺を行なった。イスラム教のハッシッシを常用する宗派があることに由来しているともいう。

「山の古老」が若い暗殺者たちに快楽の限りをつくさせてキリスト教徒を殺せば素晴らしい天国へ行けると教えたとも、ハッシッシで恐怖心をおさえたり、その幻想を利用したともいわれる。

鶴岡八幡宮で繰り広げられた「テロ」

鎌倉・鶴岡八幡宮《つるがおかはちまんぐう》でもテロがあった。
右大臣就任拝賀の式典を終えた源　実朝《みなもとのさねとも》が雪の降り積もった拝殿前の石段を降りて行くと、兜巾《ときん》（頭巾）をつけて髪をふり乱した法師が銀杏《いちょう》の木の陰からとび出して斬りかかった。その男のほかにも三、四人の法師が松明《たいまつ》を掲げて先導している者に襲いかかって斬り伏せた。

実朝はすぐ首を斬り落とされ、そばにいた御剣《ぎょけん》（太刀持ち）の役をつとめていた文章博士《もんじょうはかせ》・源仲章《なかあきら》も斬殺された。そして暗殺者たちは闇のなかに消えてしまった。一瞬のうちに行なわれた凶行であった。

『愚管抄《ぐかんしょう》』（慈円《じえん》）には「法師の行装《ぎょうそう》　兜巾と云物したる　馳せかかりて下がさねの尻の上にのぼりて　かしら（頭）を一のかたな（刀）にて切《きり》てたふ（倒）れければ　頭をうちをとして取《とり》てけり」（原文片仮名混じり文・以下同じ）という。

「（二人目の暗殺者を）追いざまに三四人おなじようなる者の出《いで》きて　供の者を追いちらして　この（源）仲章が前駆して火ふりて有《あり》けるを（執権・北条）義時《よしとき》ぞと思てをなじ（同）く切ふせてころ（殺）してう（失）せぬ」

法師は実朝を斬るときに「親の敵はかくう（討）つぞ」と叫び、これを「（参列し

大銀杏

源実朝像（秦野市・金剛寺蔵）

ていた）公卿《くぎょう》どもあざやかに聞けり」という。

実朝には三十名の侍が供奉《ぐぶ》し、式典警護の侍は一千名もいたが、どういうわけか目立った動きはしていない。

謎の多い暗殺事件であり、この事件によって源氏の正統は滅亡してしまった。

源実朝は頼朝《よりとも》と北条政子《ほうじょうまさこ》の間に生まれた次男で、兄・頼家《よりいえ》の後を襲って鎌倉幕府の三代将軍となった。藤原定家《ふじわらのていか》に認められた天才歌人でもあった実朝は家集『金槐《きんかい》和歌集』その他を含む七百五十三首を残した。

また、暗殺される前年だけでも実朝は目ざましい勢いで官位昇進していた。本人がそれを切望したためで、一月十三日

鶴岡八幡宮の大銀杏〈倒伏前〉（鎌倉市）

に権大納言になったのにつづいて三月十六日に左近衛大将 兼左馬寮御監、十月九日には内大臣、そして十二月二日には最後の昇進をとげて右大臣に任じられたのである。

実朝があまりにも官位の昇進に執着しすぎるので、大江広元《おおえのひろもと》が幕府執権《しっけん》・北条義時の意を体《たい》して官位は征夷大将軍《せいいたいしょうぐん》だけにしておいた方がいいのではないかといさめると、実朝は「源氏の正統この時に縮《たい》まりおはんぬ。子孫敢《あえ》てこれを相継ぐべからず。しかれば飽くまで官職を帯し、家名を挙げんとす」とこたえたと『吾妻《あずま》鏡《かがみ》』に記されている。

源氏は自分の代で終わってしまうのだから、大いに立身出世して家名をあげて一門のほまれにしたいのだとこたえた。実朝は北条氏が大きくのさばることを朝廷の力を借りておさえはしていたものの、同時に自分の命が長くないことも予感していた気配である。

源実朝を襲った甥・公暁

そして望み通り右大臣に昇進して慶祝すべき拝賀の式典の当日。

先に述べたように、実朝は三十名の武士を従えて式典に臨んだ。

実朝の刀は北条義時が奉持《ほうじ》していた。

二十五坊跡（備中阿闍梨の坊があった場所）

ところが、参拝の直前、楼門の下まで進んだとき義時は突然めまいに襲われて不快になり、御剣の役を文章博士・源仲章にゆずって小休止し、帰宅してしまった。

拝賀の式典を終えて石段を降りてゆく途中に襲撃を受けた実朝は二十八歳で死亡したのだが、その首は暗殺者・源公《く》暁《ぎょう》が持ち去った。

二十歳の公暁は鶴岡八幡宮の別当《べっとう》であり実朝の兄・頼家の子だから実朝は甥に殺されたのである。

公暁は自分の後見人である雪ノ下北谷の備中《びっちゅうの》阿《あ》闍梨《じゃり》の坊に逃げこんで三浦義《みうらよし》村《むら》に使いを送った。

義村はこのとき八幡宮の東隣りの屋敷（横浜国大附属鎌倉中学校の校庭）で病に

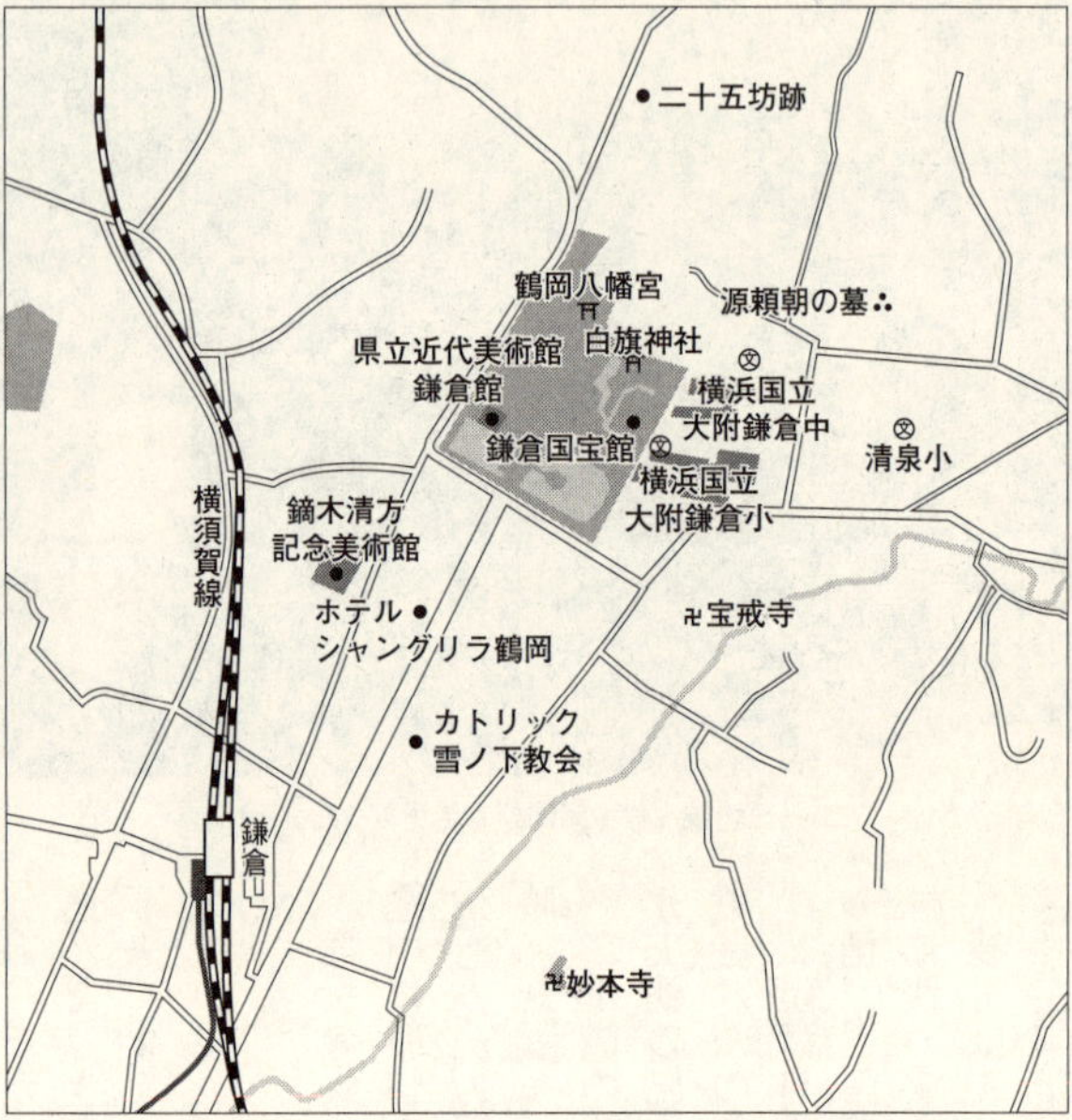

臥《ふ》せていた。

公暁の乳母が義村の妻であり、義村の嫡子《ちゃくし》・駒若《こまわか》丸《まる》は公暁の側近であった。頼って当然の関係だが、義村は門を閉じてしまった。義時をはじめ北条一門に疑われることをおそれたのである。

公暁は自分の送った使者がもどらないことに業《ごう》を煮やして直接義村をたずねようとした。

その途中、義村が放った刺客に襲われたため、公暁は逃げて義村邸まで走った。

寿福寺（鎌倉市扇ガ谷）にある源実朝の供養塔

ところが義村邸の門が閉じられていた。塀をよじのぼろうとした。

公暁は義村を信じていたのである。

しかし、背後から雑賀次郎《さいかじろう》という者に殺害された。

実朝暗殺の実行犯が公暁であることは間違いないが、背景には執権・義時と三浦義村の存在があった。

まず暗殺が義時の策謀であったとすると、実朝の死によって執権としての権力が大いに強くなり、実質的に鎌倉幕府を支配できることになる。式典の途中で帰宅してしまったことが、その容疑の根拠である。実朝が殺されたあと、義時は公暁と義村を始末すれば執権体制を確立できることになる。

逆に義村が黒幕であったと考えてもス

源実朝の首塚（秦野市東田原）

ジが通る。

実朝と御剣の役の義時を一挙に殺してしまえば、義村は公暁を押し立てて北条氏にとってかわることができる。

当夜は義時が突然めまいに襲われて帰宅してしまったが、御剣の役の源仲章も殺されたことを考えると、暗殺者は実朝といっしょに義時も殺すつもりでいたのである。

しかし、義時を殺せなかったことを知った義村は、公暁を見棄てて殺し、すべてを闇に葬ってしまった、とも考えられる。

実は源氏の血をひく実朝と公暁の両方、被害者も加害者も暗殺の標的であったと考えるのが妥当だろう。

なぜ「テロ」が横行するのか

テロ行為は人々を周章狼狽《しゅうしょうろうばい》させ怯えさせ、恐怖におののかせ迷わせる残酷きわまりない非人間的な行為である。

それは人間と社会、文化と文明を冒瀆《ぼうとく》し、否定する卑しい野蛮な行為で、その影響ははかりしれない。

現に平成十三年（二〇〇一）九月十一日のニューヨーク世界貿易センターの崩壊をはじめとする米中枢同時多発テロによって日本経済に大きな被害、悪影響が波及してきた。

テロの約二週間後に日本の消費者心理が悪化して三か月前に比較して消費者態度指数が四・〇ポイント減の三十六・九に落ちこんだ。バブル崩壊後の病んでいる日本経済を、テロは直撃したのである。輸送流通に支障をきたしたばかりか、政府も日銀も金利を引き下げたり、減税案まで考慮しなければならなくなった。

日本だけでなく、どの国の航空会社、ホテル、旅行代理店をはじめ、その他の観光業界も深刻な被害をこうむって、長い時間業績が低迷しつづけた。

こうした状況から想像をひろげてゆけば、テロによってひとつの社会が破壊されてしまう可能性も出てくる。

それはひとえに「ひとつの正義」が原因である。

物事の多様性に背を向けて「ひとつの正義」しかもたないとき、その「正義」は一瞬にして「悪」そのものに変質する。「ひとつの正義」しか信じない者は他のあらゆる価値体系を認知しないで排撃したり破滅させようとしたりするからである。「人間の世界に正義などない」と言い切ってしまうのは難しいし唇が寒くなることではあるけれど、少なくとも「ひとつの正義を信ずるのは危険だ」と断定できそうである。

一日前、いや一分前の「正義」が、一日後、一分後には「悪」に反転してしまうことがめずらしくない。それは時々刻々と入れ替わり反転しつづける。

昨日の正義は今日の悪である。絶対的な正義はありえない。

そんな正義に殉じるために、みずからを使い捨てにすることは愚かである。「正義」なんかあとまわしにして、なにごとも相対的に柔軟にとらえた方がいい。その柔軟性こそが想像力であり、想像力とはとりもなおさず愛だからである。

きみはまだ若いのだから

ウィスキーを飲まないほうがいい　いままでに

馬は馬を殺したことはなかったし

鮫《さめ》は鮫を殺さなかった
どうして人は
人を殺すのだ？
どうして人は
人を愛すのか？

（田村隆一『人　ウィスキーに関する仮説』より）

2 鎌倉大仏の作者の謎【鎌倉】

宋の工人・陳和卿と鎌倉大仏の関係とは

多くの観光客でにぎわう高徳院

大仏を見あげて子供たちは高い声を出したり、快活に笑ったり、青い空から降りそそぐ明るい日の光をあびて走り回っている。あちこちで弁当をひろげ、あるいは大仏の顔を見あげながら指さしてその大きさを話し合っている。

二十円を払ってほの暗い胎内に入ると、そこでも子供たちは大きな声を出し、咳払いして声が反響するかどうかを試しては、引率の教師にたしなめられている。「落書きは絶対ダメだぞ」と半ば叱られるように制されて「そんなことしないよ」と口を尖らせている者もいる。

鎌倉・長谷《はせ》の大仏（高徳院《こうとくいん》）は、平日、週末、祝祭日を問わずそうした社会科見学や遠足の小・中学生をはじめ、参詣や観光の老若男女がひきもきらず訪れている。

高徳院に建つ鎌倉大仏

鎌倉時代のこの巨大な遺産によって、どんなに多くの人々が心慰められ、救われてきたことだろうと考えると、心が粛然とした思いに占められて、この大仏をつくったのは誰だろうと想像しないではいられない。

大仏の作者は誰なのだろうか。

平　時忠《たいらのときただ》に「此《この》一門に非《あら》ざらむ人は皆人非人《にんぴにん》なるべし」（『平家物語』）とまでいわせた強大な平家政権に反抗する者が次々とあらわれて、さしもの清盛《きよもり》の力にもかげりがさしはじめた時期のことである。

後白河法皇《ごしらかわほうおう》との対立、以仁王《もちひとおう》、源頼政《よりまさ》の挙兵、園城寺《おんじょうじ》攻撃や伊豆における源頼朝の挙兵や墨俣川《すのまたがわ》の合戦、京都・比叡《ひえい》

山《ざん》の反抗などがつづいて、政権を担当していた平氏は苛立《いらだ》ちをつのらせずにはいられなかった。

そして、こうした動きと呼応して南都（奈良）の寺々も反・平氏の色彩を強めて策動しはじめ、危機感を抱いた清盛は正室・時子《ときこ》が生んだ三男の本三位中《ほんさんみのちゅう》将《じょう》・重衡《しげひら》を大将とする軍勢を進発させた。「南都征伐」といわれる軍事行動である。

攻撃の目標は「南都の悪徒」つまり陰に陽に反・平氏の活動をつづける興福寺《こうふくじ》

の衆徒であったが、要は南都を占める寺院勢力全体を征圧し、恫喝《どうかつ》し屈服させて、地べたにおさえつけるのが目的であった。

重衡は平家の武士団の中核を統括し、その精強な軍勢をひきいて常に勇猛果敢な働きをして不敗を誇る剛勇廉直《ごうゆうれんちょく》の士といわれていた。

そしてこの重衡にとって、藤原氏をはじめ民衆の尊崇する宗教的な権威である奈良を攻撃することは、重衡自身の神仏に対する思いを考えあわせると、それなりの重い苦悩をともなったことであっただろうと考えられる。

が、しかし、重衡は断固とした意思をもって奈良の市街地に火を放ち、その火はみるみる東大寺をはじめ、興福寺以下南都七大寺を焼きつくした。

わけても大仏殿が炎上したときは、そこに逃げこんだおびただしい数にのぼる僧が猛火に身もだえし、叫びながら焼き殺された。大仏は溶け崩れて背中のうしろに首が落ち、さながら焦熱《しょうねつ》地獄であったという。

治承《じしょう》四年（一一八〇）十二月二十八日のことで、九条兼実《くじょうかねざね》はその日記『玉葉《ぎょくよう》』に「興福寺、東大寺已下《いか》、堂宇房舎《どううぼうしゃ》地を払って焼失す」あるいは「七大寺已下ことごとく灰燼《かいじん》に変ずる（中略）凡《およ》そ言語の及ぶ所に非ず」と記している。

しかし、翌年の二月四日に清盛が京都で没すると、焼亡した東大寺大仏殿を再建

せよという命令が発せられ、これを請け負った俊乗坊重源《しゅんじょうぼうちょうげん》は一輪車を押しながら勧進《かんじん》（募金活動）を開始したといわれる。

このとき六十一歳であった重源は、紀季重《きのすえしげ》の子で俗名を重定《しげさだ》といった。醍醐寺《だいごじ》で密教を修め、法然《ほうねん》の弟子《でし》として念仏の流布《るふ》につとめていた。

仁安《にんあん》二年（一一六七）には宋に渡り、四明山《しめいざん》で栄西《えいさい》と会ってともに天台山にのぼったといわれ、帰国してからは無位無官の私度僧《しどそう》として働いていた。

そして、文治《ぶんじ》元年（一一八五）三月二十四日に平家が壇ノ浦《だんのうら》に追いつめられて滅亡し、その五か月後の八月二十八日には、大仏の開眼供養《かいげんくよう》を行なった。

焼亡してからわずか五年後のことであり「勧進上人《しょうにん》」として重源がいかに敏腕であったかを物語っている。

とはいえ、大仏はまだ不完全だった。

首から上しか金鍍金《きんめっき》されていなかったのである。また、大仏殿の造営も早急に進めなければならなかった。

そのため、重源はさらなる大勧進のために伊勢へ向かった。

伊勢神宮において、重源はまず祈りをささげ、つづいて『大般若経《だいはんにゃきょう》』二部を書き写して内《ない》・外宮《げくう》に奉納し、東大寺の僧七百名をひきいて参詣するなどした。

そして、そのあと重源は伊勢・二見浦《ふたみがうら》（安養山《あんようさん》・現在の豆石山《まめいしやま》）の、伊勢湾の

東大寺南大門の仁王像（阿形）

島々をのぞむ風光に秀《すぐ》れた草庵に起居していた西行《さいぎょう》をたずねた。

西行は大仏殿が炎上した治承四年の春から二見浦に疎開していた。

平氏をめぐる抗争、戦乱から身をさけるためで、その弟子である荒木田満良（蓮《れん》阿《あ》）がなにくれとなく西行の面倒を見ていた。

荒木田一族は天武《てんむ》天皇以来、伊勢神宮の内宮《ないくう》禰宜《ねぎ》の度会氏《わたらいうじ》とならぶ名族である。

なぜ重源は西行をたずねたのか

重源が伊勢神宮をたびたび訪れ、さらに西行をたずねたのにはいくつか理由があった。

まず伊勢神宮領から産出される水銀である。

これは鍍金に欠かせないものだから、その寄進をあおぐこと。

そして、黄金《おうごん》である。

重源は奥州の藤原秀衡《ひでひら》に黄金をもらいに行く使者として西行が最適だと考えていた。

西行は伊勢神宮と親密な関係にあり、その手厚い後援も得ている有名な歌人だし、平将門《たいらのまさかど》の乱を鎮圧した藤原秀郷《ひでさと》を九代前の先祖にもち、平泉《ひらいずみ》の藤原氏とは縁戚関係にあった。

もちろん重源はこうしたことをよく知っていて西行に白羽の矢をたてたのだ。

そして重源の願いを受けた西行は東へ向かい、まず鎌倉の頼朝をたずねて米一万石《ごく》、砂金千両、上絹千疋《ひき》を寄進させた。

また、奥州を統治して黄金の国を築いていた藤原秀衡のもとへ赴いて、大仏再建のために黄金五千両を出させるということと、その輸送に関する協力ないしは目こぼしを要請した。

頼朝とすればやがては合戦となる強大な宿敵が黄金を消費するのだから、異論があろうはずはなかった。

折から奥州には頼朝と対立していた義経《よしつね》が逃げこんでかくまわれていたから、西行はこの人物に関する情報も利用したにちがいない。

ついでながら歌舞伎十八番の『勧進帳《かんじんちょう》』は、頼朝の追討をのがれようとする義経一行が加賀安宅《あたか》の関で富樫《とがし》に見破られそうになったとき、弁慶がわれわれは大仏勧進の旅をしている山伏《やまぶし》だとこたえて勧進帳をひろげたり、義経を殴ったりして見逃してもらうという物語である。

つまり、こうした話から大仏再建の勧進があらゆる階層にわたって全国的な規模で行なわれていたということがよく理解できるのである。

とにかく「重源上人の約諾《やくだく》を請け、東大寺料の砂金を勘進せんがため」（『吾妻鏡』）には、西行は手段を選ばなかったと考えられる。西行もすでに六十九歳になっていたから相当な老獪《ろうかい》さを発揮したはずである。

西行が頼朝と会って一か月半後の文治二年（一一八六）十月には、早くも四百五十両の黄金が京都に届けられた。

東大寺再建の落慶《らっけい》供養は十六歳の後鳥羽《ごとば》天皇が列席して盛大に行なわれた。朝からどしゃ降りの雨が降りつのっていた建久《けんきゅう》六年（一一九五）三月十二日のことで、頼朝と政子と頼家もすでに数万の軍勢をひきいて駆けつけていた。

そして、重源は一千名の僧を集めて盛大に供養をとり行なったのである。

もともと堂宇に覆われていた鎌倉の大仏

さて、鎌倉の大仏は、もとはといえば木造の大仏で、大風のため堂宇ともども倒壊してそのままになっていたが、建長《けんちょう》四年（一二五二）八月十七日から大仏の鋳《ちゅう》造《ぞう》が開始された。

もちろんこの大仏再建のための勧進も行なわれたが、それはごく一部で製作費用の大部分は北条一族が拠出したと思われる。

嘉暦《かりやく》三年（一三二八）の金沢貞顕《かねさわさだあき》書状に名越善光寺《なごえぜんこうじ》の長老が大勧進になって関東大仏造営料渡唐船《ととうせん》が明春には元に渡ると記されており、実際翌年に船が出たとい

鎌倉大仏の遠望

う。

大仏造営を大義名分にして貿易船を仕立てて儲けようとしたのか、その利益の一部でもほんとうに造営料として寄進したかはわからないが、庶民の浄財だけではとても大仏造営はできなかっただろう。

金沢氏は北条家の最も有力な庶家《しょけ》であり、三代執権・北条泰時《やすとき》は義時の長男だが、泰時の弟・実泰《さねやす》の子が鎌倉の東の入口を固める武蔵国・六浦荘《むつうらしょう》（横浜市金沢区）を領する金沢氏の初代・実時《さねとき》である。

学問を好んだ実時は生涯をかけて書籍を収集し、自邸のなかに建立した称名寺《しょうみょうじ》の西谷に文庫をつくってこれが金沢文庫になった。その実時の子の顕時《あきとき》の子が先の書状を認《したた》めた貞顕である。

父子ともに信仰心が厚く、学問にも造詣が深かった。貞顕は六波羅探題《ろくはらたんだい》の長をつとめ、さらに十五代執権に就任した。「文」だけでなく「武」の人でもあった。

この時期の鎌倉は「唐物《からもの》」を大いに珍重していた。磁器、仏画、彫刻などで、それらは強大な権力の象徴としてもてはやされていたのだ。

すでに貞顕の祖父・実時の時代から鎌倉の外港の役割を果していた六浦の湊《みなと》を出帆した唐船は、南宋の首都・杭州《こうしゅう》と和物・唐物の取引をつづけてきていた。

こうした貿易の実績から考えても、大仏造立の資金は北条氏の負担であったと考えるのが最も自然なのだ。

そして、大仏鋳造の棟梁《とうりょう》として指揮をとったのは物部重光《もののべのしげみつ》・季重《すえしげ》で、大和国《やまと》（奈良県）・金峯山蔵王堂《きんぷせんざおうどう》の鐘に「文永元年甲子八月二日鎌倉新大仏鋳師丹治久友」と刻まれた銘から、丹治久友《たんじひさとも》という者が鋳造技術者の一人であったと考えられている。

また、証明する史料はないけれども、千葉県木更津《きさらづ》市の矢那川《やながわ》のほとりにある金谷《かなや》の集落に平安時代からつづいている鋳造師・大野五郎右衛門《おおのごろうえもん》という人物がいて、この五郎右衛門も大仏鋳造に加わっていたと伝えられる。

いずれにしても短期間で完成された大仏を、誰が中心的な指導者になってつくっ

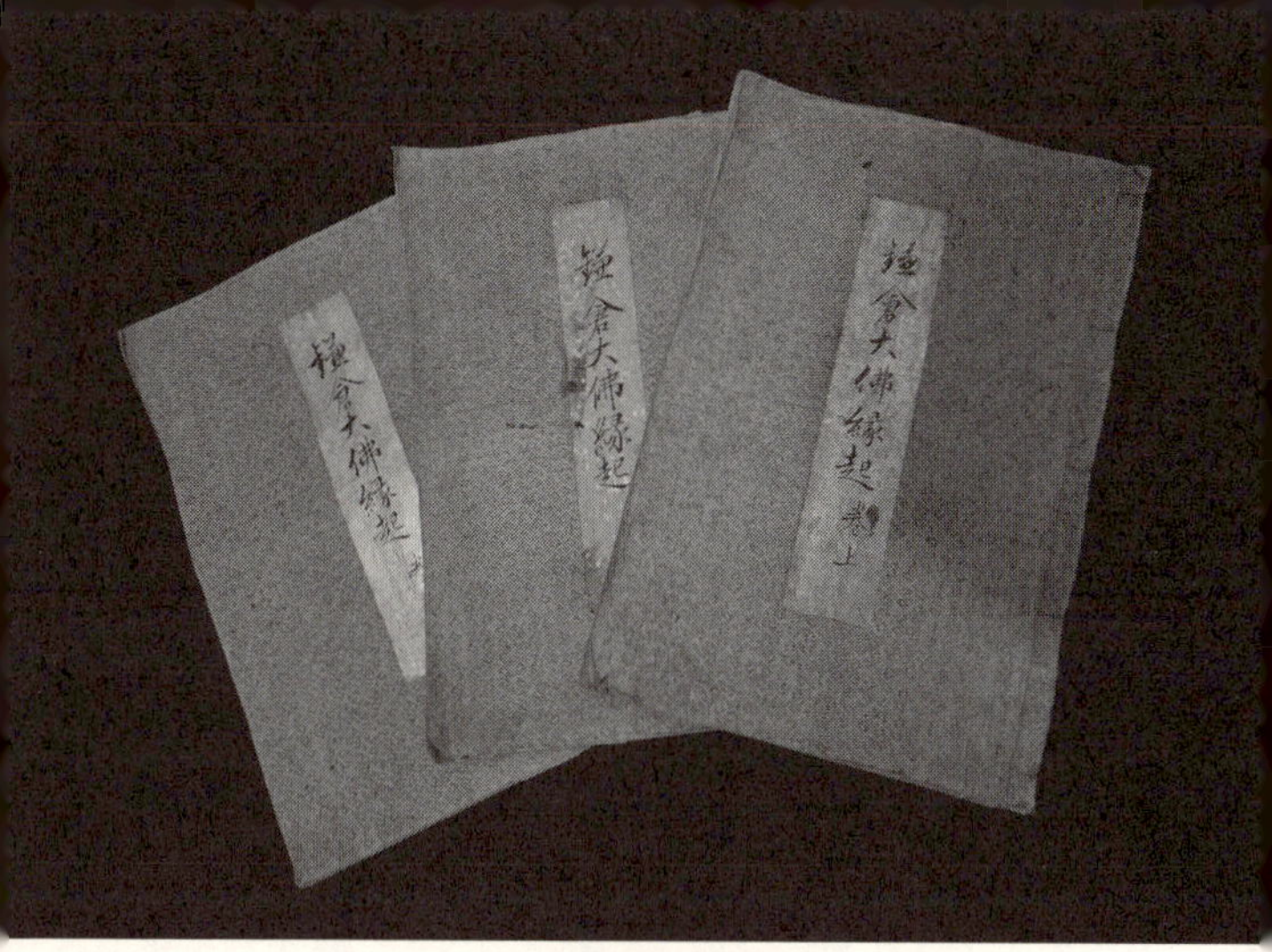

『鎌倉大仏縁起』

たのか、原型の作者は誰なのか、わからないことが多い。大仏再建の目的さえはっきりしない。

　おそらくは平家一門をはじめ、比企《ひき》、三浦一族など、おびただしい数にのぼる人々を容赦なく殺し、鎌倉幕府の中枢にあって政権を独占・維持していた北条一門の寝覚めの悪さをいやすためであり、新しい首都の仏教文化の象徴として権威と経済力、権勢を誇るための大仏であっただろう。

　そして、ここで東大寺の大仏鋳造にたずさわった宋の工人・陳和卿《ちんなけい》の存在を思い出す。

　陳は寿永《じゅえい》二年（一一八三）五月の東大寺・大仏の頭や眼や鼻など顔の鋳造に参加した。弟の陳仏寿《ぶつじゅ》など宋人計七名で技術協力している。もちろん重源と契約してこの仕事にたずさわったのである。

そして、陳兄弟は建築に関しても宋の先端技術を持っていたから、大仏殿の建造にも協力したにちがいない。それら東大寺造営の功績に対して、朝廷は伊賀国《いが》（三重県西部）・有丸、広瀬、阿波《あわ》の諸庄を恩賞としてあたえた。

しかし、陳はその三つの領地をすぐ東大寺・浄土堂（現存せず）に寄付してしまった。

なぜそんなことをしたのかはわからないが、陳はちょっと意表を突くようなねじれた動きをするハッタリと自信と癖の強い売名行為の好きな人物であったように感じられる。

その陳和卿がとつぜん鎌倉に姿をあらわしたのは建保《けんぽう》四年（一二一六）六月八日のことである。

陳が鎌倉を訪れた理由は奈良で重源と対立したためではないかとか、仕事に対する報酬についてモメたとか、かんばしくないことをやったからなどといわれる。

これはどうも当たらずといえども遠からずということではなかったか。どういうわけか、陳には終始少々いかがわしく怪しい気配がつきまとっているようだ。

陳は三代将軍・源実朝に拝謁《はいえつ》を求めた。

実朝を意のままに操った陳和卿

実朝は建久三年（一一九二）八月九日生まれで、このとき父・頼朝は四十六歳、母・政子は三十六歳である。

頼朝は実朝が生まれる一か月前に征夷大将軍に任じられており、源家は旭日昇天《きょくじつしょうてん》の勢いであった。

だが、頼朝が没し、長男・頼家が将軍になり、その頼家が伊豆・修善寺《しゅぜんじ》で暗殺されて、次男の実朝は十二歳で将軍の地位に就いた。

そして、二十八歳で鶴岡八幡宮で公暁に斬殺されるまでの短い生涯を、実朝は母・政子の実家である北条氏に圧迫されながら、鬱屈《うっくつ》した思いを抱いて生きた。

その実朝の短い人生は、祖父の北条時政や叔父・義時や母の政子がいいようにできる使い勝手のいい便利な幕府の象徴、政治的なかけひきの材料にすぎなかったのである。

しかし、実朝は十八歳のときからの歌の師である狷介《けんかい》な藤原定家が「鎌倉右府《うふ》（実朝）はたけたる歌人と覚え侍《はべ》る。古人の詠作に竝《なら》べたりともすべて劣るべからず。実にたぐひ無事とぞ思い侍る」と絶讃するほど、とびぬけて秀《ひい》でた歌人であり『金槐和歌集』におさめられた約七百首の和歌に見るようにすばらしい天才だった。政治家ではなく文学の才能の純度がきわめて高い、無垢の塊《かたまり》みたいな男だった。

兄の頼家にはエキセントリックな言動があり、精神異常ではなかったかといわれる要素があったが、弟の実朝にも同様に、常人にははかり難い狂気に似た気質があった。

たとえば実朝は、官位に対する執着がきわめて激しい男だった。これは前項に記したとおりだが（一九ページ）、このように凡人からみればひどくかたよった貴種意識のつよい男に対して、陳は会見を申し込んだのである。

かつて陳は、頼朝が会見を申し込むと「貴客は多く人命を断たしめ給ふの間、罪業堆積し、値遇《ちぐ》し奉ること其憚《はばか》りあり」といったと『吾妻鏡』に書かれている。あなた様はあまりにも多くの人間を殺して罪深いゆえ、会う価値があるとは思いませんと、頼朝との会見を拒絶したのである。

これは権力者との会見をあえて拒んでみせた売名行為だったと解釈されているが、ところが、実朝に対してはちがう手を使った。

陳の方から会見を申し込んだのである。

実朝は、同月十五日には陳を引見した。

そして、実朝の前に進み出ると、陳は丁重に三度拝礼した。

かと思うと、とつぜん声をあげて泣きはじめた。

引見した陳和卿がとつぜん声をあげて泣きはじめたことにおどろき、また訝《いぶか》しんだ実朝がその理由をたずねると、陳は「昔、宋朝医王山《いおうぜん》の長老たり。時に吾《われ》、其門弟に列す」（『吾妻鏡』）とこたえた。

実朝様、あなたは前世は医王山の長老であり、私はあなた様の弟子でした、と懐しみ、号泣した。会うことさえ拒んだ頼朝のときとは打って変わって売り込みをやったのである。

ところが、実朝は陳のあざとさに気がつかなかった。

偶然にも実朝は建暦《けんりやく》元年（一二一一）六月に一人の僧が同じような話をする夢を見たことがあったから、ひとたまりもなかった。陳がこの夢の話を利用してたくみにとり入ったとは思わずに、ひたすらこの話に魅了され、たちまちのうちにたらしこまれてしまった。

さらに陳は実朝を焚きつけて宋の医王山へ行くことをすすめ、海を渡るための大きな船をつくれとそそのかした。

実朝を焚きつけてこういうことをさせた陳の意図は、重源や東大寺・大仏の建造関係者に対する剥《む》き出しの対抗心とも敵意ともつかぬ復讐の気持ちがあったように感じられる。やはり奈良から石をぶつけられて追われるようにして鎌倉に下向《げこう》しなければならなかった原因があった様子で、少なくとも自分の存在を必要以上に大きく喧伝《けんでん》してその能力を声高に知らしめようとしている態度が見える。

そして、その気になった実朝は、さっそく由比《ゆい》ガ浜で大きな船を建造させることにした。

もともと実朝は宋から日本に茶を持ってきた栄西とよく会って話を聞いて、かの地にあこがれていた。現代の若者が海外旅行にあこがれるのとおなじ無邪気さである。

だが、北条義時も政子も側近も、これにはおどろいたし、さぞ困ったことだろうと思う。

鎌倉幕府の芯である征夷大将軍が勝手に外国に行ってしまったら、政権の存続に多大の影響をあたえるからである。

そして、時が満ちて建保五年（一二一七）四月十七日、巨大な船が完成した。すでに同乗者六十名を選び出してこの日を待っていた実朝は、期待に胸を疼《うず》かせて進水式にのぞんだ。

しかし、どんなに引っぱっても押しても、その大きな船は由比ガ浜の砂の上からまったく動かなかった。

「唐船出入すべきの海浦《うみうら》にあらざるの間、浮び出《い》づるに能《あた》はず。よって還御《かんぎょ》。かの船いたづらに砂頭に朽ち損ず」（『吾妻鏡』）という。

当然のことながら陳は鋳金の技術や建築の技術とともに、最も新しい外洋航海船を建造する造船技術ももっていたはずであり、船が進水できないことなど考えられない。

にもかかわらず船が水に浮かばなかったのは、実朝の渡宋計画をつぶすために、建造した船が砂の上から動かないように、陳のもとで働く日本人の船大工に細工をさせたからである。

「工をして船動かざるの 謀《はかりごと》 をなさしむ」（『新編鎌倉志』）という。

その背後から指令を出していたのはもちろん義時・政子であり、幕府の上層部であり、これを察知したためか、他に事情があったのか、理由はわからないが陳はそれっきり消息を絶ってしまった。

まったく行方不明だが、あるいはこんな奴に鎌倉をウロウロされて、また実朝その他をたぶらかされるのは困りものだと考えられ、ひそかに殺されてしまったのかもしれない。

大仏の原案をつくったのは陳和卿か

寿永二年（一一八三）に東大寺の大仏鋳造に関する技術指導・協力をし、鋳造の一部を受け持った陳が鎌倉にあらわれたのが建保四年（一二一六）であり、宋へ行くための巨大な船が完成したのはその翌年の建保五年（一二一七）四月十七日である。

そして、鎌倉の大仏が鋳造されたのは建長《けんちょう》四年（一二五二）である。ということは、陳が大船建造と進水に失敗して行方不明になってから大仏が完成するまで三十五年の歳月が流れているということである。

時間的なずれが大きいから、この陳が鎌倉の大仏をつくる現場に立ち会っていたとは思われないものの、奈良の大仏が高さ五丈三尺（約十六メートル）だからそれよりも大きな大仏をつくろうという計画を立てたという点など、幕府の力を誇示することに加えて大仏造立の計画の立案者が必要以上に肩に力を入れていたように感じさせる。

また、大仏の頭の螺髪《らほつ》が大きくて丸く、首は短く、脚がどっしりとひろがっていて分厚い安定感がある。視線を伏《ふ》せる形につくられた瞼《まぶた》と幅広の鼻梁《びりょう》、厚い唇、頬も豊かだが彫りは鋭い印象をあたえる。

鎌倉大仏の頬には金箔がかすかに残っている（目尻のあたり）

その顔も身体つきも威厳とやさしさを感じさせるたたずまいで、これはいかにも宋風だといわれる。この宋風だという点もまた陳を連想させるのである。

こうしたことから、想像にすぎないけれども、大仏の原案というか基本的なコンセプトをつくったのは、陳ではなかったか、と考えてみたくなる。

とっくに陳が死んでいたのであれば、その弟の陳仏寿が大仏鋳造の仕事を引き継いでいたと考えることもできる。

年の離れた弟ならば三十五年という歳月の空白は、充分に埋められる。そう考えながら大仏を見つめる方が数段おもしろく、さらに小説的なイメージがふくらんでゆく。

ついでに、さらに想像をたくましくし

て鎌倉市の「大船《おおふな》」と藤沢市の「大鋸《だいぎり》」を地名辞典で調べてみた。「大船」は実朝が考えていた巨大な渡宋船、「大鋸」はその大船を建造する材木の伐り出しを連想させたからである。

だが、大船は鎌倉時代より以前にこのあたりが海であったころに粟《あわ》を積んだ船が舫《もや》われていて「粟船」と呼んだり、のちに「青船」と呼んだものが「大船」になったことがわかった。

また「大鋸」は森木工助一族がひきいる大鋸引《おがびき》の集団が住んだ十五世紀初頭からの遊行寺《ゆぎょうじ》の門前町であったことが判明した。

「大船」はまったく外れたが「大鋸」はあるいは関係があったかもしれない。

とにかく歴史の事実をただ事実として論証することよりも、離れている事実と事実とを想像力の線で結びつける愉しみは捨て難く、史料が残されていなくても、大仏の作者が陳和卿という外国人であったことは充分考えられるのである。

もうひとつついでにいうと、鎌倉名物になっている鎌倉彫は、これはたしかに陳和卿が重要な役割を果たしている。

「鎌倉彫は、四条帝の御宇《ぎょう》、運慶《うんけい》の孫康円《こうえん》、陳和卿と共に法華堂《ほっけどう》の仏具を彫りたるを始《はじめ》とす」（『桜塢漫録』）という。

これも伝承ではあるけれども無視できないものであり、となれば、大仏は運慶・

鎌倉大仏の内部

快慶《かいけい》の慶派と陳の合作であった可能性も大いに考えられるのだ。

イギリス人司令官セーリスが見た大仏

イギリス東インド会社の貿易船隊・司令官カピタン・ジョン・セーリス（Captain John Saris）は慶長十八年（一六一三）六月十二日に平戸（長崎県）へ上陸した。

セーリスは英国王ジェームズ一世が家康に宛てた国書をたずさえて、対日貿易を開始するという使命をおびて来航したのである。

すでにウィリアム・アダムズ（三浦按《あん》針《じん》）が家康に仕えていたから、セーリスはいちおうそのアダムズを通して家康と接触することになった。

そして駿河《するが》（静岡県）で家康に謁見し、江戸城にいる二代将軍・秀忠《ひでただ》と会うべくセーリスは東へ向かい、鎌倉を通過するときに大仏を見た。九月十二日ごろのことである。

「駿河と江戸との間の地方は、住民がなかなか多い、予《よ》らは道すがら多くの仏すなわち寺院を見た。中でも大仏・Ｄａｂｉｓと称する特に有名な一つの偶像がある。銅でつくり、内部は空虚だが、厚みはなかなかしっかりしている。予らの推測では、その高さは地から約二十一、二フィートのようであり、地上に跪《ひざまず》ける人の形で、踵《かかと》の上に臀《しり》を据え、その両腕は驚くほど大きく、全身の釣合いはよろしい。彼は衣を着た形である。この像はその脇を往き来する旅人からたいそう尊崇せられる。予ら一行のある者は、その中に入って咳声をしたり、大声をしたりしたが、それが恐ろしく大きな響きをした。予らはこの像の上に旅客がつけたたくさんの文字やしるしを見た。予の従者のある者はそれをまねて、同様に自分のを書いた」（『セーリス日本渡航記』村川堅固ほか訳）

これがヨーロッパの白人が大仏を見物して書いた最初の記録である。大仏の胎内に入って咳払いしてみたり、わざと大きな声を出してみるなど、子供たちと変わらない無邪気な反応をしているところがほほえましい。

3　「鎌倉七口」をゆく【鎌倉】

一気に鎌倉時代へとタイムスリップ

山を削って築かれた「鎌倉七口」

鎌倉の南は相模湾に向かって開いている。

それも切り立った断崖《だんがい》ではなく砂浜である。が、西・北・東側は山に囲まれている。このため海から出入りするには船を海岸に寄せればいいが、陸路で鎌倉へ出入りするためには山を越えなければならない。

京都の公家の九条兼実がこの立地条件をふまえて鎌倉のことを日記『玉葉』に「鎌倉城」と書いているが、たしかに要塞都市と呼ぶべき立地条件である。

攻めるに難しく守りやすい地形なのだが、平時は鎌倉市中だけで孤立して暮らすわけではない。

平時はそとの人はなかへ、なかにいる人はそとへ出なければ生活が成り立たない。

その往来のために山を掘り削って切通《きりどおし》を七口つくった。西からいうと次の通りである。

○極楽寺《ごくらくじ》坂《ざか》切通
○大仏切通
○化粧《けわい》坂《ざか》切通
○亀《かめ》ヶ《が》谷《やつ》坂《ざか》切通
○巨福呂《こぶくろ》坂《ざか》切通
○名越切通
○朝比奈《あさひな》切通

これらの切通はいったん戦争になったらという想定のもとに切り開かれたから「七切通は牙城《がじょう》に対する城門となり、八州の平野を横《おう》流《りゅう》する利根《とね》・多摩・酒《さか》匂《わ》・馬入《ばにゅう》等の諸川は、この天然の城郭に対して外濠となり、箱根・碓氷《うすい》及び白川・菊多の諸関《しょせき》は外部に設けられたる楼門《ろうもん》たるべき地位にあり」（『足利時代之研究』渡辺世祐）といわれ、関東を流れる大河川を外濠、東海道は箱根峠、中山道《なかせんどう》は碓氷峠、東北は白川の関で守るというのだから、この考えに従えば鎌倉は日本の中央に最大のスケールを誇る巨大な城郭であるといえるだろう。

鎌倉時代がそのまま残る朝比奈切通

朝比奈切通は鎌倉と六浦（横浜市金沢区）を結ぶ。

六浦の港は鎌倉の外港であったから軍事・経済上重要な峠で、十二所《じゅうにそ》神社側から落葉が分厚く散り敷かれた急峻な坂道を登ってゆくと、いまでも鎌倉時代がそこにそのまま残っている、と感動しないではいられない貴重な遺構である。

和田義盛《わだよしもり》と巴御前《ともえごぜん》の間に生まれた三男・朝夷奈義秀《よしひで》が一夜で切り開いたという伝説があって、両側の、掘ったときのノミの跡が残る壁面と足もとの斜面をたえず山水が伝っているから空気がひんやりとしている。民家がまったくないし見えもしないのがいい。緑深い山のなかの急な坂道である。

仁治《にんじ》元年（一二四〇）十一月にこの切通を切り開くことを決定し、測量や工事の担当者に仕事の分配を行なった。陰陽師《おんみょうじ》の占いに従って工事は仁治二年（一二四

朝比奈切通

一）春からとし、三代執権・北条泰時がみずから現場を視察して中野時景を奉《ぶ》行《ぎょう》に任じた。

実は幕府にとっても一般庶民にとっても占いなど迷惑千万だったにちがいない。先にも述べたようにこの切通は六浦の港から物資を運ぶだけでなく、生命を維持する六浦や房総の塩を鎌倉へ運ばなければならなかった。北条氏に最も近い房総の千葉氏との連絡も取りやすくなるし、軍事的にも泰時は早急に防衛を万全に整えておきたかった。

結局、工事は仁治二年四月五日にはじまり、おびただしい人を集めて翌五月には南北に兵を置ける平場《ひらば》を備えたみごとな切通が完成した。

これを「朝比奈城」と呼ぶ人もいる。

名越切通

最も古い東海道・名越切通

名越切通は鎌倉市と逗子《ずし》市の境界である。

この道は日本武尊《やまとたけるのみこと》が東夷《とうい》平定のため三浦半島（横須賀市走水《はしりみず》）から安房《あわ》に渡ったときに越えた古道だといわれる。最も古い東海道であったともいわれる道である。

そして朝比奈切通よりも早く整備された名越切通は鎌倉防衛の「名越城」であった。

というのも、北条一族にとっては油断できない強大な敵に変貌する可能性が高い三浦一族の最も主要な侵入経路にあたるからだ。

名越切通の頂上の道の中央には大きな

岩が二つ、人々の通行を遮《さえぎ》るように据えられている。いうまでもなく通り難くするためである。

鎌倉時代の馬は、昭和二十八年（一九五三）鎌倉・材木座《ざいもくざ》で発掘された和田合戦か北条氏滅亡時の馬骨から推定して、体高百九センチないし百四十センチ（平均一二九・五センチ）とされ、現代の馬と比較するとかなり小さく、走行力も馬力もさほどではなかった。したがって険阻《けんそ》な切通の中央を塞ぐ岩の障害物があれば通行に難儀しただろう。

人間も平素の衣服で一人、二人なら難なく通れても、鎧兜《よろいかぶと》に身を固めて自由に身体を動かせないうえに重い武器を持っている軍勢の移動はどうすることもできなかったはずだ。弓、長刀《なぎなた》、槍《やり》など木々の樹木の枝に引っかかって身動きがとれなくなることも多い。

道幅が狭く、当然ながら行軍は二列が精一杯で、窮屈な動きになる。大人数の軍勢を鎌倉市中にどっと送り込むことはきわめて困難である。

が、守る側は「一夫《いっぷ》関《かん》にあたるや万夫《ばんぷ》も開くなし」という形で、切通の上から弓を射るなり岩石や材木などを落としてやればいかに精強な軍勢も到底短時間で通り過ぎることはできない。

名越切通は「お猿畠《さるばたけ》の大切岸《おおきりぎし》」（石切り場の跡という説もある）を備えている。

これで鎌倉・三浦を往き来する街道の節所《せっしょ》に構えられた防衛拠点であることがよくわかる。

山が垂直に削り落とされて伏兵《ふくへい》を布陣できる雛壇《ひなだん》型の平場が設けられていて、兵はその平場の上から下の道を通っている敵に矢を射たり岩をなげおとしたりして攻撃するのだ。

逗子市久木《ひさぎ》の法性寺《ほっしょうじ》の門から急な坂道を登って墓地の裏手から大切岸を眺めると、それが城郭そのもののように映る。戦いにそなえたものではなく石切場の跡だともいわれるけれど、戦いに都合よい、兵を潜ませる形に石を切り出したとも考えられる。

明治に拡幅工事が行なわれた大仏切通

同様に山腹や頂上に平たく削られた平場を備えている極楽寺坂切通の一キロほど北にあって常盤《ときわ》、梶原経由で藤沢方面へ向かう大仏切通が開削《かいさく》整備されたのは朝比奈、巨福呂坂切通が整備されたのと同時期の仁治元年（一二四〇）から建長二年（一二五〇）ごろだろうと推定されている。高い山の背を鉈《なた》で断ち割ったような幅の狭い険阻な峠道であったが、明治になってから拡幅工事が行なわれた。

そして「大仏の門前より大仏坂の切通までは爪先上がりの道、道幅二間位（約

大仏切通

三・六メートル)、荷車の轍《わ》の痕《あと》深く、土を掘りたる左右には杣山《そまやま》の聳《そび》えたる(中略)大仏坂の切通は鎌倉の地質にして初めて作り得るといふべきしろもの、(高さ約九メートルの)左右の絶壁数十間、其頂《そのいただき》から差出《さしいで》た若葉の色の鮮明なる、狭く長く限られた大空の、いや高く仰がれて」(『鎌倉の裏山』国木田独歩)という光景は、いまも変わらない。

新田義貞は、元弘《げんこう》三年(一三三三)、巨福呂坂口、化粧坂口、極楽寺坂口の三か所を攻めた。

みずからは十万騎で洲崎《すざき》(深沢・山崎・寺分一帯)の攻撃に当たった。洲崎には赤橋守時《あかはしもりとき》、南条高直《なんじょうたかなお》ひきいる六十万の兵が布陣されていた。五月十八日に両軍は六十五回も激戦をくりかえし、幕府側の兵は三百まで減って赤橋も南条も腹を切り、九十名が追腹《おいばら》を切った。義貞はこれで一気に山ノ内、極楽寺方面に侵入できた。

義貞は弟・脇屋義助《よしすけ》とともに化粧坂切通を攻撃した。

「一族達《たち》ヲ前後左右に圍《かこま》セテ、其勢《そのせい》五十万七千余騎、化粧坂ヨリゾ被寄《よせられ》ケル」(『太平記』)という。

守るのは金沢将監ひきいる三万騎である。

「安房・上総《かずさ》・下野《しもつけ》ノ勢《せい》三万余騎ニテ化粧坂ヲ堅メタリ」

巨福呂坂切通

化粧坂切通

が、義貞は激戦を征圧して化粧坂を突破し、鎌倉は稲村ヶ崎《いなむらがさき》の岬の先端、巨福呂坂などから乱入した兵に蹂躙《じゅうりん》されて幕府が滅ぶのである。

このあとも化粧坂は義貞の子・義宗《よしむね》と義興《よしおき》が上野《こうずけ》から攻め込んだときや上杉氏が鎌倉御所・足利持氏《もちうじ》に叛旗《はんき》をひるがえした「禅秀《ぜんしゅう》の乱」の戦場となった。曽我《そが》五郎と梶原景季《かげすえ》と遊女の虎が展開する『曽我物語』の舞台も化粧坂下の梅ヶ谷《うめがやつ》である。坂の上は葛原ヶ岡《くずはらがおか》に連なり、葛原岡神社や幕府を倒そうとして失敗した日野俊基《ひのとしもと》の墓がある。葛原岡神社の北にはこれも鉈で尾根を断ち割ったような掘割が掘削されている。戦国時代でいう空堀《からぼり》であり、名越の大切岸とならぶ重要な遺構である。

往来が多かった化粧坂と亀ヶ谷坂切通

化粧坂と同様に扇ガ谷《おうぎやつ》と山ノ内を結ぶ亀ヶ谷坂切通が開削整備されたのも仁治元年（一二四〇）ごろだといわれる。

このあたり一帯は当時も住宅密集地で、往き来する人が多かった。ここでは二代将軍・頼家が馬から落ちて古井戸に転落したという。山ノ内の鷹場《たかば》を見に行く途中だった（『吾妻鏡』）。供をしていた藤原知康《ともやす》が適切に手当てして頼家は命拾いした。

巨福呂坂も高くまで登る山道で、三浦氏と同盟した武蔵方面の勢力が入ってくるのを想定した北条時頼が、これを防ぐため石を置いて通り難くした切通だった。

亀ヶ谷坂切通

ここでは弘安《こうあん》五年（一二八二）一遍《いっぺん》上人が鎌倉に入ろうとしたとき北条時宗と出会い、供の侍に追い払われた話がある。

一遍上人がやむなく路傍で念仏を説いたところ、たくさんの人々が集まってきたという。つまり、鎌倉市内で念仏を説くことは許可されていなかったが、市外なら構わないということで、巨福呂坂は市域の外れであったわけだ。そのあと一遍上人が野宿した場所には光照寺《こうしょうじ》（鎌倉市山ノ内）が建立されている。

東は六浦、南は小壺（小坪）、西が固《かた》瀬《せ》（片瀬あるいは稲村ヶ崎）、北は小袋（巨福呂あるいは山ノ内）の内側のせまい区域が鎌倉市街地であると定められていた。

極楽寺坂切通

極楽寺坂切通はいまの切通の上の成《じょう》就《じゅ》院《いん》の門の前を通っていた。

　成就院の裏手の丘の上には土塁で囲まれた平場があって、鎌倉を防衛する軍の拠点になっていたという（『鎌倉の史跡』三浦勝男）。

　どの切通をたずねても鎌倉時代がまるごと体感できる。鎌倉の十三世紀の息遣いが両側の岩壁に低くこだまして耳もとで聞こえるようだ。とにかく切通の遺構が手つかずのまま残っているのがいい。

　いつまでもいまのままにしておいてもらいたいと願わずにはいられない。本物の古い切通を訪れる人はそう多くない。季節に関係なく散策に最適な鎌倉の穴場といえよう。

4 幻の城下町【鎌倉】

三浦半島に設けられるはずだった日本防衛拠点

三浦氏を半島に閉じ込める城

玉縄城《たまなわ》（甘縄城《あまなわ》・鎌倉市城廻《しろめぐり》、現在の清泉女学院）はJR大船駅の西一・五キロ、藤沢駅からも北東へ二・五キロに位置する。柏尾《かしお》川と境《さかい》川にはさまれた丘陵（標高六十メートル）の上で、海までは約五キロである。

この城は永正《えいしょう》九年（一五一二）九月に北条早雲《そううん》が三浦義国《よしくに》とその一族を三浦半島に封じこめておくためにつくった。

三浦半島という袋のなかで力をもっていた三浦一族は、玉縄城一城で袋の口を閉じられてしまった形である。早雲はこうして三浦半島を確保すると同時に東相模と南武蔵をおさえ、総州（千葉県）の里見《さとみ》の動きを抑制する北条水軍の拠点を次々とつくっていった。

となると、当然この玉縄城でくりかえし攻防戦が行なわれることになった。

玉縄城。太鼓櫓から煙硝庫跡を望む

まず大永《たいえい》六年（一五二六）、北条氏綱《うじつな》の弟・氏時《うじとき》が守る玉縄城を千葉の里見義豊《よしとよ》が攻めた。義豊は鎌倉を占領して柏尾川まで攻めてきた。

氏時は玉縄城を出て柏尾川のほとりに布陣したから両軍は激しい戦いを展開し、この戦いで氏時の家来の三十五名が討死《うちじに》した。

義豊はこれでひとまず退却したが、このとき両軍はお互いに取った首を交換して川沿いの場所にとむらった（玉縄首塚・甘縄塚・甘糟《あまかす》塚）。いま大きな楠《くすのき》が枝をのばし、五輪塔と地蔵がまつられている。

氏時が亡くなると玉縄城主は北条為昌《ためまさ》に代わり、そして次に北条綱成《つなしげ》に代わった。綱成が上州の有吉《ありよし》城に移ると、その

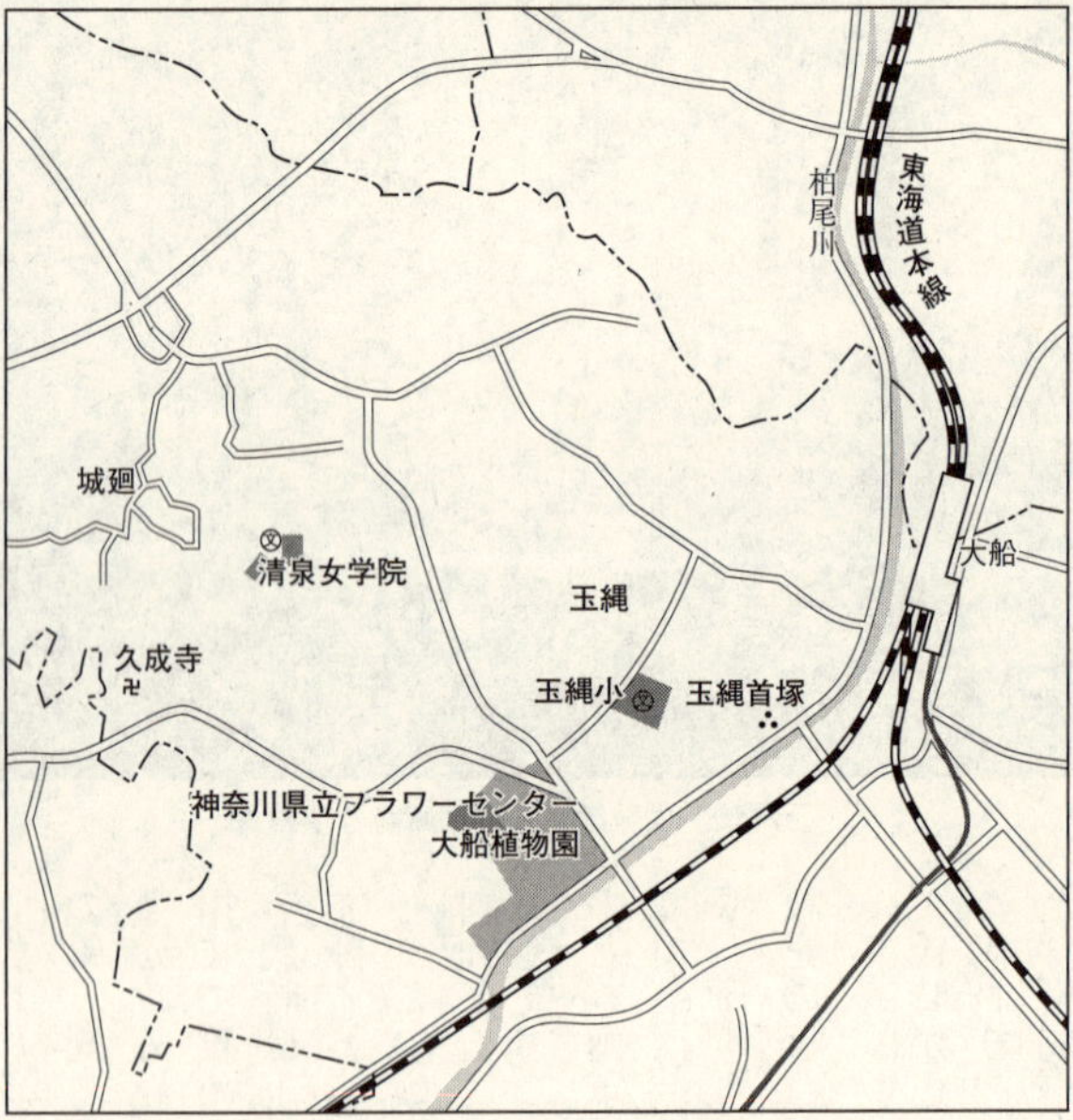

子の氏繁《うじしげ》が城主となった。
氏繁のとき、永禄《えいろく》四年（一五六一）三月、三国峠《みくに》の雪を蹴立てて関東へ乱入した上杉謙信《けんしん》が小田原攻めを行なう前に鎌倉の鶴岡八幡宮に参詣し、そのあとこの玉縄城を攻めた。
精強をもって知られ、信長も恐れた越後兵が激しい攻撃を加えたが、玉縄城は落ちなかった。兵と兵糧《ひようろう》と武器を充分にたくわえてあったからで、この戦いのとき氏繁はみずから弓を取って防戦につとめた。
謙信は外郭のさらに外側

玉縄首塚（鎌倉市岡本）

でじりじりしていたが、ついにはあきらめて兵を引きあげた。

その八年後の永禄十二年（一五六九）、今度は武田信玄が小田原城を攻めた。

合戦上手の信玄は防備の固い玉縄城を攻めないで氏繁の家臣・大谷帯刀《たてわき》が守っていた大鋸城（藤沢市大鋸）を攻めた。大鋸城は御幣《おんべ》山砦《やまとりで》と呼ばれていることからもわかるように規模の小さい砦であったし、折悪しく大谷帯刀も不在だったからすぐ落とされてしまった。

難攻不落の玉縄城

信玄が倒れ、謙信が倒れ、信長も本能《ほんのう》寺《じ》に消えて秀吉の時代が来た。

玉縄城主は氏繁の子の氏勝《うじかつ》の代になっ

玉縄城の空撮（昭和36年）

ていた。

天正《てんしょう》十八年（一五九〇）十月、秀吉が小田原攻めを計画しているという情報を得ると、小田原の北条氏繁は氏勝に箱根峠の向こうの山中城（静岡県三島市）城主に任じ、この城を北条家の三家老の一人である松田《まつだ》康長《やすなが》に整備強化させた。

氏勝と康長は山中城の空堀を深くしたり要所要所に櫓《やぐら》を建てたり虎口《ここう》を強化したりして秀吉軍にそなえた。

この氏勝を攻撃した秀吉軍の陣容がすごかった。総大将が豊臣秀次《ひでつぐ》、主将は家康、これに田中吉政《たなかよしまさ》、山内一豊《かずとよ》、堀尾良《ほりおよし》晴《はる》、中村一氏《かずうじ》、一柳直末《ひとつやなぎなおすえ》らの強豪ぞろいでその軍は七万。

対する氏勝軍はわずか四千だったが、これが二百名になるまで凄絶な戦闘をく

玉縄城の本丸跡（現在は清泉女学院グラウンド）

りひろげた。秀吉軍もこの戦いで秀吉子飼いの勇猛をもって知られる一柳直末が戦死するほどだった。

康長は最後に氏勝を城外に逃し、時間かせぎをするために戦いつづけて討死した。

山中城外に逃れた氏勝は小田原の北の久野《くの》を経て、再び玉縄城へもどった。

そして、秀吉軍が本格的に小田原城包囲作戦を展開しはじめたころ、家康が配下の本多忠勝《ただかつ》に玉縄城攻撃を命じた。

本多忠勝も武勇をもって知られる名将であったが、この玉縄城は落とせなかった。

忠勝は都築《つづき》弥左衛門、松下三郎左衛門を使者に立てて氏勝に降服をすすめた。

玉縄城下の大応寺《だいおうじ》（現・龍宝寺）の

僧・良達《りようたつ》も忠勝のいう通り氏勝に降伏をすすめた。その結果、天正十八年（一五九〇）四月二十一日、氏勝は玉縄城を開城し、家康軍に降った。それから三か月後に小田原城も降伏して秀吉の軍門に降ったのである。

秀吉の時代が去ったあと天下をとった家康は、日本各地に散在していた軍事拠点であり、反乱の核になる城は少なければ少ないほど徳川幕府は安泰だと考えて、慶《けい》長《ちよう》二十年（一六一五）に大名の力を骨抜きにする大名統制策である「一国一城令」を発令した。一国に城はひとつあれば充分だというわけである。

天正十八年の小田原城攻略のあと本多正信《まさのぶ》に守らせていた玉縄城も破却され、次にここに封じられた松下正綱が城下に陣屋を建ててこの一帯を支配することになった。これをもって玉縄城百年の城としての役割は終わったのである。

が、歴史の闇に埋もれたこの玉縄城に再び光をあてた男がいた。

森山孝盛《たかもり》という徳川幕府十一代将軍・家斉《いえなり》時代の旗本である。

元文《げんぶん》三年（一七三八）、上総国・武射《むしや》郡三か村に三百石を所有していた森山盛芳《もりとお》の次男として生まれた孝盛は、明和《めいわ》八年（一七七一）に三十四歳で家督を継いだ。

一家の主になって二年後に大番《おおばん》、その十一年後に小普請組頭《こぶしんくみがしら》、その六年後に御《お》徒頭《かちがしら》、翌年には目付《めつけ》、翌年には関東の河川普請を監察し、さらに翌年一月に伊豆、相模、安房、上総などの沿岸、港湾を巡見した。

同じ年の三月には老中・松平定信に従ってもう一度沿岸を巡見している。

こののち孝盛は鉄砲頭、「鬼平」こと長谷川平蔵《はせがわへいぞう》のもとで盗賊追捕役《ついぶやく》、最後に西の丸勤務として働いて官僚としての役目を終えた。京都の冷泉家《れいぜい》の門弟であり、文学的な素養、教養も充分そなえた優秀な人物であった。

松平定信に同行した森山孝盛の才覚

重要なのは老中首座《ろうじゅうしゅざ》の松平定信が直々に巡見することが決まって寛政《かんせい》五年（一七九三）三月十八日に勘定奉行・久世広民《くぜひろたみ》、目付・中川忠英《ただてる》、そして孝盛と地理・地形の記録係りとして画家・谷文晁《ぶんちょう》をひきつれて三百五十名余で江戸を出発したときのことである。

中川忠英と孝盛の二人だけは先発隊として十七日に江戸を出発し、天城《あまぎ》越えをして下田で定信を迎えた。

このとき孝盛は狩野重光《かのうしげみつ》が築造した柏久保《かしわくぼ》城（静岡県伊豆市）について自著『蜑《あま》の焼藻《たくも》の記』にこう書いている。

「右は三島海道に近く、左は海辺に遠からず。殊《こと》に天城山を摑《つかま》へて、縦横自在の要地なり」（以下引用文は同書より）

る位置である。

地図で確認してみると伊豆半島のほぼつけ根の中央にある城で、半島全体を扼《やく》す

つづいて孝盛は箱根を越えて鎌倉を通り、三浦三崎《みさき》を目指し、途中、玉縄城に立ち寄ってみた。定信からここを見ておくようにという命令はされていなかったが、なにか閃《ひらめ》くものがあった様子である。

「立寄《たちより》て見侍《はべ》りけるに、大手は七曲とて甚《はなはだ》険しく、右の方の間道をゆけば、わづかに十六七町にて、藤沢戸塚の間に出る（中略）彼甘縄《とみ》のことを三崎にて、定信朝臣《あそん》に聞えたりしに、夫《それ》こそ見まほしけれとて、頓て鎌倉よりめぐりて一見ありけるが、大に悦び感ぜられて、よき所を見立侍りつとて賞せられけり」

玉縄城に立ち寄ってみたところ、大手へ登ってゆく道は七曲りであるうえにはなはだ急峻で、右の間道をゆけば二キロ弱で藤沢と戸塚の間に出る。この城の話を下田から船を使って先に三浦三崎に到着していた定信に報告すると、それはぜひ見てみたい、とのことで鎌倉を経由して見てみたところ、たいへんよろこんでいいところを見つけたものだと大いに褒《ほ》められた、という。

先に述べた通り、玉縄城は三浦半島のつけ根の中央部にあって半島全体を扼する場所にある。伊豆の柏久保城とそっくりなロケーションに位置している。

つまり、太平洋に突き出している伊豆半島を攻めた他国軍が上陸して半島全体を

占領しても柏久保城がおさえ、三浦半島が占領されても玉縄城があればそれ以上の侵入をおさえられるという戦略である。

もちろん玉縄城は里見義豊、上杉謙信、武田信玄、本多忠勝という戦《いくさ》上手の名将が攻めてもどうしても落とせなかったということを孝盛も定信もよく知っていたにちがいない。

幻に終わった城下町の建設

伊豆と相模湾、三浦半島と玉縄城の巡視から江戸へ帰った定信は、さっそく伊豆や房総に防衛態制を布《し》くことにして、その整備強化案をまとめた。

まず、南へ突き出している伊豆半島の先端の下田奉行所は単なる通船改所《あらためどころ》であったが、これを異国船が来たときに対応できる強固な軍事要塞にしようと考えた。

また、伊豆・柏久保城と相模・玉縄城に手を加えて、その周辺を軍事基地にすることにした。

軍事基地というのは、両方に三千石から五千石の旗本を所替え（移封《いほう》・人事異動）し、小普請の者たちを与力《よりき》・同心《どうしん》としてここに定住・在陣させるという構想だったからである。

柏久保城の遠望

　この玉縄城を要塞に整備してその周囲を幕府軍の湘南軍事基地にしようという計画は、約四か月後の七月二十三日に責任者である定信が老中首座を罷免《ひめん》されてしまったので実現されなかったが、もし実現すれば、大船を中心として鎌倉、藤沢、戸塚の一部を含んだ巨大な城下町が出来あがっていたことだろう。

　貿易で栄える港湾都市が出現して商家が立ち並ぶ町は人々が行き交って賑わい、武家屋敷と寺院の甍《いらか》と、漆喰《しっくい》の白さが眩《まばゆ》い、長い築地塀《ついじべい》が折れ曲がってつづいてゆく静かな城下町である。

　が、結局、六年にわたる「寛政の改革」は失敗に終わり、城下町は幻に終わった。
だが、玉縄城周辺に湘南軍事基地がで

柏久保城。第一郭下の空堀跡

きなかったのはこのためばかりではなかった。

幕府全体が、政治家も官僚もまだ外国を重大な脅威であるとは感じていなかった。西欧列強が隙あらば日本を侵略し、日本人をとって食おうと考えながら近づいてきているとは想像しなかったのである。異国人が日本を植民地にして日本人を支配しようと詳細な計画を練っているとは思いもよらないことだった。外交上の基本的な想像力の欠如である。

だから玉縄城を軍事基地化する計画も、定信や孝盛の継承者を設けることもなく、それっきりウヤムヤにしてしまったのである。国を守る戦術・戦略の基本には一貫した継続性が必要なのに、政治家の首が代わるとその基本方策まで変わってしまったり尻切れトンボに終わらせてしまうのが日本人の特徴なのかもしれない。

定信は一流の儒学者ではあったが、一流の政治家ではなかった。発想は陸軍的で海軍的ではなかった。けれども、ロシアの不審船が日本近海に出没することには敏感であった。

定信を補佐した孝盛は文化《ぶんか》十二年（一八一五）五月十四日、七十八歳で亡くなった。長命の大往生である。

なお、その後、彼は牛込《うしごめ》（新宿区）宗山寺に葬られている。

5　コッキンさんの一生【江の島・横浜】
日本に魅了された英国の貿易商が心血を注いだこと

「コッキンさん」とは何者なのか

Samuel Cocking を片仮名で表記するとサミュエル・コッキングだが、明治以来「サムエル」とか「コッキン」あるいは「コキン」と呼ばれてきたので、かつて江の島の人が親しみをこめて呼んだように「コッキンさん」と表記する。

そのコッキンさんは、天保《てんぽう》十三年（一八四二）、イギリス領だったアイルランドで生まれた。

弘化《こうか》二年（一八四五）三月、ロンドンのキャビンバーウェルで生まれたという説もある。幼少時のことはわからないが、この時期のヨーロッパは経済状況が悪かった。

文政《ぶんせい》十三年（一八三〇）のフランスで起こった七月革命でブルボン王朝が倒されたことにはじまる産業界の激しい変化、政治状況のドラスティックな変革と弘化五

（一八四八）年の二月革命の影響でイギリスの貿易と経済も大きな打撃を受けていた。

アイルランド（かロンドン）にいたコッキンさんの両親は食い詰めてしまったか、それとも新興ブルジョアジーとしてさらなる利益を求めてか、新天地オーストラリアへ渡った。イギリスのオーストラリア移民奨励策に従ったというから、あまり裕福ではなかったのかもしれない。

七歳になっていたコッキンさんも両親に連れられて南オーストラリアのアデレードに上陸した。

アデレードはまだ原生林とアボリジニに囲まれた貧寒《ひんかん》な集落だったという。この町でコッキンさんの妹・フランセスが生まれ、つづいて一家は嘉永《かえい》五年（一八五二）にメルボルンに引っ越した。

そもそもアデレードを選んだのもメルボルンへ移ったのも理由はわからない。コッキンさんの父は新天地オーストラリアのビクトリアで公共事業省の設計者として働いていたともいわれるが詳細は不明である。

その後、コッキンさんは両親に反対されたにもかかわらずいったんイギリスにもどって再びオーストラリアへ帰っているが、これも理由は不明である。

あっちへ行ったりこっちへ来たりしながら人生の次のステップに必要な金を懸命

に稼いでいたのにちがいない。中国や東南アジアとイギリスの間を往き来してお茶やコーヒーを運んでいたともいわれる。

江の島に魅せられたコッキンさん

明治元年（一八六八）、二十六歳のコッキンさんはスモーク・ジャックと呼ばれる三本マストの快速帆船 Jeddo を買った。

単独で買ったか仲のいい友人と共同で買ったかはわからないが、船一隻の値段は莫大な金額である。親か親戚の誰かの遺産でも入ったか、船荷の輸送で儲けたかもわからないが、若いうちからなかなかのやり手であったと想像できる。

そして、この快速帆船でイギリスと日本を結びつけて儲けようと考えたコッキンさんは日本の神奈川（横浜）に向かった。

ところが、もうすぐ日本というところで大時化《おおしけ》に遭ってようやくの思いで夜をやり過ごし、明け方に Notch Island の沖を漂っていることに気がついた。

これは江の島のことで、コッキンさんはその景観の美しさが大いに気に入った。嵐に揉まれたあとのほっとした一瞬だったから、春の緑にもえる江の島がことのほか綺麗に映ったにちがいない。

江の島沖から三浦半島を迂回して神奈川に上陸したのが明治二年（一八六九）三

コッキンさんの自宅跡地（江の島）

月五日である。出発してから百三十五日目であった。

横浜は開港して十年ちょっとの新興地だった。

横浜どころか明治新政府が生まれてまだ一年しか経っていない。

この年の一月五日に京都で横井小楠《しょうなん》が暗殺され、東京府は二月九日に銭湯の男女混浴を禁止した。コッキンさんが横浜に到着した二日後の三月七日に明治天皇がようやく京都から東京に向かって出発、二十八日に江戸城に入った。

北海道ではまだ榎本武揚《えのもとたけあき》や土方歳三《ひじかたとしぞう》が箱館《はこだて》（のちの函館）・五稜郭《ごりょうかく》で官軍と戦っている真っ最中である。日本は近代化の第一歩を踏み出そうとしているところ、つまりひどく混乱していた。

コッキンさんが奉納した玉垣（江の島）

この混乱のなかでコッキンさんはすぐに横浜を離れて東北へ向かい、数か月を仙台湾に碇泊させた船や石巻《いしのまき》で過ごした。その理由は横浜にいては危険だったから、あるいは「徳川の人々と北に行きその地方の大名の援助のもとに南部に住む手配をした」（大正三年〈一九一四〉三月十二日付『ジャパン・ウィークリー・クロニクル』）ともいう。

コッキンさんは船にアームストロングの小砲やスナイダー銃などの武器を積んでいたというから、もしかしたら旧幕軍を応援するつもりでいた可能性がある。

「その頃英国駐日公使として来朝していた Harry Parkes卿は Cocking の持船を押収して彼をしてこれ以上北地に向かわせるのを阻止しようと強硬に迫って来

た。然るにその裏をかいて Cocking は逸早くも横浜に新しくやってきた友人にその船を譲り渡す契約を付けてそれを機会に（陸奥《むつ》）南部の地方に永住する工作を着々始めていた」（『江の島植物園とサムエル・コッキング』内田輝彦）

この前年の三月十四日、新政府軍の大総督府参謀・西郷隆盛《さいごうたかもり》と旧幕府陸軍総裁・勝海舟《かつかいしゅう》は江戸・高輪《たかなわ》の橋本屋で会談して江戸城の無血開城を決めていた。二人はもし江戸が戦場になったら悲惨な犠牲者が出るし、人々のおびただしい財産が失われることをおそれたのだ。

この無血開城の陰の演出者はパークスであるといわれるほどだから、パークスはコッキンさんの行動に顔をしかめたにちがいない。昨日今日日本に来たサムエル・コッキングなどという若造に冒険心から余計なことをされたらかなわないという判断も働いていたとみてさしつかえないだろう。

すでに版籍奉還《はんせきほうかん》が実施されていたものの藩主たちは内心では容易にそれを認めようとしなかったし、「藩」が「県」になっても支配者としての地位と権力は保持したいと考えていたから、コッキンさんはそこに商売のうま味があるかもしれないと計算したのではないか。

同時にコッキンさんは武士の「ハカマ」「チョーマギ（丁髷《ちょんまげ》）」「カミシモ」「カタナ」の優美な立ち居ふるまいやファッションと彼等の優しさや親切を通して日本に

惚《ほ》れ込みはじめていた。

コッキンさんの築いた植物園

江の島の頂上にコッキンさんは植物園をつくることにした。

新宿御苑をつくったときに新しい技術を習得した相田春五郎、林修巳、有田五郎ら新鋭造園家たちが造園を担当し、この時期の日本では先端的な意匠で最大規模の植物園がつくられることになった。

バラをはじめチリ原産の南洋杉、ユーカリのようなオーストラリアの植物、タイミンチク、スイレンやニューサイラン、コールジュリネ、ピラカンサス、さまざまな果樹があったりショウブ園もそなえて花の向こうに富士が見えるようになっていた。江の島の自然と相模湾、太平洋が借景だから最高の贅沢である。

珍しい植物を身近で栽培していることが当時のイギリス貴族のステータスの証明であったといわれるから、コッキンさんは金の力にものをいわせて目一杯ゴージャスにしたのだろう。これだけでなくきっと彫刻もいくつか置いてあったにちがいない。

もっとすごかったのは温室である。

どんな構造かというと「東側に大きな温室があって、それに垂直に4つの温泉が

江の島展望台から見たコッキング苑

ジョイントされている構造です。当時流行っていた『スリークォーター』（半鞍形四分の三式＝引用者注）と呼ばれる温室だったんじゃないか（中略）4分の3という意味で、左右非対称な片流れの屋根に特徴があります。裾をレンガで積んで、側面と屋根は総板ガラス」（園芸研究家・井田洋介氏による）であったという。

基礎はレンガで用材にはチークを使った。

水道がなかったから、コッキンさんはそれぞれの温室に集水用の水槽をつくって降り落ちてくる雨を集めて、愛知県常滑《とこなめ》産の陶管で導いて地下貯水槽にたまるようにしてあった。

貯水槽は幅四メートル、長さ十二メー

トル、高さ三〜三・二メートルで九つのアーチ型の天井は鉄骨で補強してあった。これは現在でも充分使用に耐えられるものだという。

温室とボイラー室、燃料用の石炭を入れておく貯炭庫は丁字形《ていじけい》になっている地下通路でつながっていて往き来できるようになっていた。

幅一メートル、高さ一・九メートルのアーチ型天井に明かりとりの天窓のある地下通路の途中二か所に熱帯魚用のアクアリウム（水槽）が設けられ、そこでも熱帯の動・植物が飼育されてガラス越しに観賞を楽しむことができるようになっていた。

ボイラー室であたためられた温水と蒸気は、鉄管や鉛の管で各温室に送りこまれて常時二十四度前後に保たれ、瀟洒《しょうしゃ》な形にデザインされた池の地下にも暖房用のパイプを通してオオオニバスのような熱帯の水棲植物を育てていた。

温室の総面積は約二百坪（約六百六十平方メートル・関東大震災で全壊）で、植物園全体に総計二百万円がかけられた。これに加えて明治十七年（一八八四）十一月には江島《えのしま》神社・中津宮の参道の玉垣を寄進し、社殿の前に蘇鉄《そてつ》と唐杉も献木したからこれにも金がかかっている。

江の島の旅館の宿泊料が一泊十四銭、東京で大工の手間賃一日三十五銭から五十銭という時代の二百万円だから庶民には想像もつかない金額だった。

こうして明治十八年（一八八五）六月に完成したのが「コッキング植物園」であり、地元では「コキン植物園」と呼ばれることになった。

いまほとんど完全な形でみごとなレンガの遺構が発掘整備されて「江の島サムエル・コッキング苑」として一般公開されている。日本の近代化遺産の重要な存在である。

コッキンさんはさらにもう一棟の温室を増築しようと考えていたといわれるが、

この植物園は趣味の領域をはるかに越えている。

たしかに半分は趣味であったろうが、半分はビジネスであったと考えるべきではないか。

植物園をつくって多種多様な植物を育てたのは単なる観賞用ではなく新しいビジネスを模索するためでもあったと思われる。

余談になるが、コッキンさんが日本に来る約十年前の万延《まんえん》元年（一八六〇）十月とその翌年の四月の二回、日本に来たイギリス人がいた。ロバート・フォーチュンというプラントハンター（未知の植物を採取する人）である。

フォーチュンは、安政六年（一八五九）、日本が長崎、横浜、箱館を開港したことを知って早速日本を訪問したのだ。価値のある園芸植物を収集して「女王への贈り物」としてイギリスへ送るのが目的であった。

フォーチュンは日本では外国人の行動地域が限定されていたので、許可されていた範囲内の農家や植木屋、寺などを重点的に狙って訪れてはキク、ユリ、ツツジ、ヤマブキ、アオキなど観賞用植物を調査収集し、気候風土を観察したり植物の栽培法を研究した。

とくに茶は大きな利益をあげることのできる植物だから念入りに調査しているが、日本へ来る前、フォーチュンはアメリカの依頼で中国における茶の栽培の調査をしていた。

つまり、どんな植物が貿易で儲かるかを調べることがプラントハンターの仕事であり、それは同時に彼等が訪れる国が大英帝国の植民地になったときどのような利益を搾取できるかを下調べすることであった。

この時代にヨーロッパの植物学者がアジア諸国をウロウロ旅行するときは、ほとんどが飢えた狼がよく肥えた羊を見る目で旅行していた。

そしてフォーチュンは中国や日本における体験を書いた本を出版していたから、コッキンさんもそれを読んでいたと考えるのが自然だろう。

要するにコッキンさんが植物園をつくったのは楽しむためでもあっただろうが、本来はなにか金になる木はないだろうかと考えて実験場をつくったのだと解釈するべきだろう。

ただし、結果からいうとコッキンさんは植物では儲けることができなかった。コッキンさんはやり手の商人ではあったが、大英帝国の植民地拡張策・帝国主義のお先棒《さきぼう》をかつぐ狼のような植物学者でも質《たち》の悪いプラントハンターでもなかったようだ。

商機を逃さず、大いに儲ける

コッキンさんは植物園から利益を生み出させることはできなかったが、ビジネスでは精力的に稼ぎつづけた。

明治十九年（一八八六）、四十四歳になったコッキンさんは横浜市平沼新田《ひらぬましんでん》の久《く》成寺《じようじ》の東南の道を隔てた広大な埋め立て地を地主であった平沼家から買い求めて、石鹼《せつけん》工場と倉庫を建て、改めて自宅も建てた。

当時の平沼は海岸線の入り組んだ低湿地帯で、塩田に適したような場所であり、人口の増加にともなって横浜の市域を拡張するために干拓されたばかりだった。

コッキンさんはここにドイツ人の技師を招いて毎月三万余貫（約一一二・五トン）の石鹼を製造した（『花王石鹼五十年史』によれば石鹼工場の創業は明治十四、五年ごろであったともいう。詳細不明）。

翌明治二十年（一八八七）には居留地五十五番地で火力発電をし、海岸通五番のクラブやホテルまで地中線を敷設して電力を売る営業許可をとって配電して儲けた（明治二十九年〈一八九六〉横浜電灯会社に売却）。

そしてコッキンさんが五十二歳になった明治二十七年（一八九四）八月一日に日清戦争が勃発した。

コッキンさんは翌年までつづいたこの降って湧いた商機を利用して大いに儲けた。

植物園のボイラー室の上の小屋か自宅の押し入れの棚からあがる屋根裏部屋で商談を行なって、ずいぶんと危ない橋を渡る裏稼業に精を出した様子である。どさくさまぎれの闇仕事、まともではない商売の方が利益が大きいに決まっている。

想像をたくましくすれば、コッキンさんはイギリスから武器弾薬を仕入れて売り捌《さば》いたのではないか。これが一番儲かることは古今東西を問わないからで、こうして得た莫大な利益をコッキンさんはイギリスの銀行に預けた。貧しい国日本の銀行は危なっかしくみえたにちがいない。

現金を持っているよりはと、鎌倉・七里《しちり》ヶ浜《がはま》、腰越《こしごえ》や藤沢・鵠沼《くげぬま》などに土地も買い求めた。やがて値上がりするだろうと考えたのだろう。古美術品も相当量収集したという。

コッキンさんと日本の女性

明治三十七年（一九〇四）二月十日、日本はロシアに宣戦布告した。日露戦争である。

日本は戦費がなくて軍事費をまかなうために日銀副総裁・高橋是清《たかはしこれきよ》をアメリカ、

イギリスへ派遣して外債を募った。当時の金で戦費のほぼ半分にあたる八億円を借金してロシアと戦ったのである。

意外なことに日本は大勝して列強を瞠目《どうもく》させることになったが、コッキンさんは今度は大打撃を受けた。金を預けていたイギリスの銀行が倒産して預金がゼロになってしまった。コッキンさんは平沼の倉庫にぎっしり詰まっていた古美術品を売りつくし、鎌倉や藤沢の土地も手放して静かな余生を生きることになったのだ。

平沼の本宅と江の島の別荘を往復する生活を送っていたコッキンさんは、人生の日暮れ時を迎えても日本を去ろうとしなかった。

明治二十年（一八八七）七月には東海道線が国府津《こうづ》まで延びたから、戸塚（平沼）と藤沢（江の島）の行き来が至極便利になった。

明治三十五年（一九〇二）になると藤沢から片瀬まで江ノ島電鉄も開通したからいっそう便利になった。

コッキンさんは江の島へ向かう途中、藤沢駅前（北口）にあった茶店「三笠」に立ち寄っては海苔で和食を食べたという。

が、明治二十年、鉄道が開通した年のある日、妻・りきが藤沢駅でケガをするという事件が起こった。列車が止まらないうちに転落して額に大ケガをしたのである。横浜から医師が呼ばれてりきは江の島で治療をつづけたが、この傷が顔を一変

コッキンさん終焉の地（横浜市西区平沼）

させたらしい。

顔が醜くなったりきは捨てられることを恐れて妹のひろをコッキンさんの愛人にして心をつなぎとめようとした。

それ以後、りきは横浜の居留地五十五番に、ひろは江の島に住むことになったという。

ひろには前夫の連れ子がいたが、コッキンさんはこの子供を養子にした。

コッキンさんはこの養子の子守り娘もたいへん気に入って英語を勉強させ、愛人にして子供を生ませたという（子守りの娘もその子供も詳細不明）。

一人の女性を妻にしてその妹と、彼女の子供の子守り娘を愛人にするのはいかにも不道徳で悪いことのように感じるのはバカげている。こうしたことはさほど

増徳院（横浜市南区）の墓地にあるコッキンさんの墓

珍しいことではない。

大正三年（一九一四）二月二十六日、コッキンさんは平沼の自宅で亡くなった。

以前から心臓を悪くして寝たり起きたりしていたコッキンさんは、気分が悪くなって窓から道の向かい側にある田中潜水服製作所の嫁であるわきを呼んだ。

急いでわきが駆けつけると、コッキンさんはベッドに横たわってもう口もきけない状態になっていた。

菜園に出ていたりきも駆けもどってわきとともに介抱したが、回復することなくわきの手を固く握ったまま死んだ。

ひろは元町《もとまち》に買い物に出かけていて留守だった。コッキンさんは晩年はひろとうまくいかなくなって遠ざけていたといわれるから、ちょうどよかったのかもしれない。

コッキンさんの女性関係はこんなに乱脈ではなかったともいわれるが、それはさほど重要な問題ではない。経済力のある男が酒池肉林を楽しむのは古今東西を問わないし、コッキンさんは当事者の女性たちが生きるためにいなくてはならない人間だった。もちろんそこには愛もよろこびもあっただろうし、それぞれが心に抱いていた哀しみもあったはずだが、それはあくまで彼等自身の胸のなかの問題なのだ。

葬儀は横浜・元町の増徳院《ぞうとくいん》（現在は横浜市南区に移転）で行なわれることになって、遺体を載せた霊柩車は馬車に乗った六人の僧が先導した。

葬儀は日本人関係者約二百名、外国人参列者はJ・カースト大尉、ジョン・ギャツピー氏、ペニー氏、ファープ・プラント氏、アレックス・クラーク氏（全員詳細不明）ら二十名であった。

享年七十二。戒名は賢明院英誉秀徳居士という。

第二章　横浜・横須賀

6 横浜開港と桜田門外の変【横浜】

大老・井伊直弼を暗殺した黒幕の謎

生糸の密貿易を行なった中居屋重兵衛

中居屋重兵衛《なかいやじゆうべえ》は文政《ぶんせい》三年（一八二〇）三月、上州嬬恋中居村《じようしゆうつまごい》（群馬県吾妻《あがつま》郡嬬恋村）に生まれた。

父・黒岩幸右衛門《くろいわさちえもん》、母・のぶ。代々名主《なぬし》をつとめる富裕《ふゆう》な家で、少年のころから終日書物を読みふけることが多かったという。

天保《てんぽう》十一年（一八四〇）、二十一歳のとき江戸に出て、芝神明《しばしんめい》前の書肆《しよし》（出版社・書店）和泉屋《いずみ》の店員となり、さらに多くの本を読破し、当時剣客として名をはせていた斎藤弥九郎《さいとうやくろう》の練兵館《れんぺいかん》に通って剣も学んだ。身長五尺九寸（約百八十センチ）ほどで、正面から来る敵なら負けないと豪語していたというから、かなりの腕前であった。

この練兵館で、のちに桜田門外《さくらだもんがい》に井伊直弼《いいなおすけ》を襲撃することになる水戸藩士・斎藤監物《けんもつ》らと親交を結んだ。

また、書肆の店員であるということから佐久間象山《さくましょうざん》の門人になったり、梁川星巌《やながわせいがん》を知ったりした。ほかにも伊東玄朴《いとうげんぼく》、高島秋帆《たかしましゅうはん》、江川太郎左衛門《えがわたろうざえもん》など開明的な知識人たちと交際したことが重兵衛の人生を大きく変えた。

重兵衛は火薬の研究を行なって『集要砲薬新書《しゅうようほうやくしんしょ》』をあらわした。象山の教育・影響が大きいが、もともと郷里の実家で火薬も製造していたから得意な分野であった。

この本の内容は当時としてはかなり先進的で、江戸湾に台場を築造する江川太郎左衛門が試験射撃に使う火薬について、重兵衛に意見をもとめたほどであった。

こうして重兵衛は自然のなりゆきにしたがって天下国家の動きにかかわりをもつようになっていき、嘉永《かえい》六年（一八五三）にペリーが来航すると、きわめて巧みに商才を発揮する。

重兵衛はペリー艦隊に乗り組んでいた商人や、下田に着任したアメリカ総領事・ハリスなどと、横浜や下田で生糸《きいと》の密貿易を行なったのだ。

そのころ生糸の主要生産地のひとつであった前橋（群馬県）で上物の生糸二百匁《もんめ》が一両であったが、下田では二十匁が一両で売れた。十倍の値段で売ったわけで、このきわめて短期間の取引で重兵衛は十万両を儲《もう》けたという。

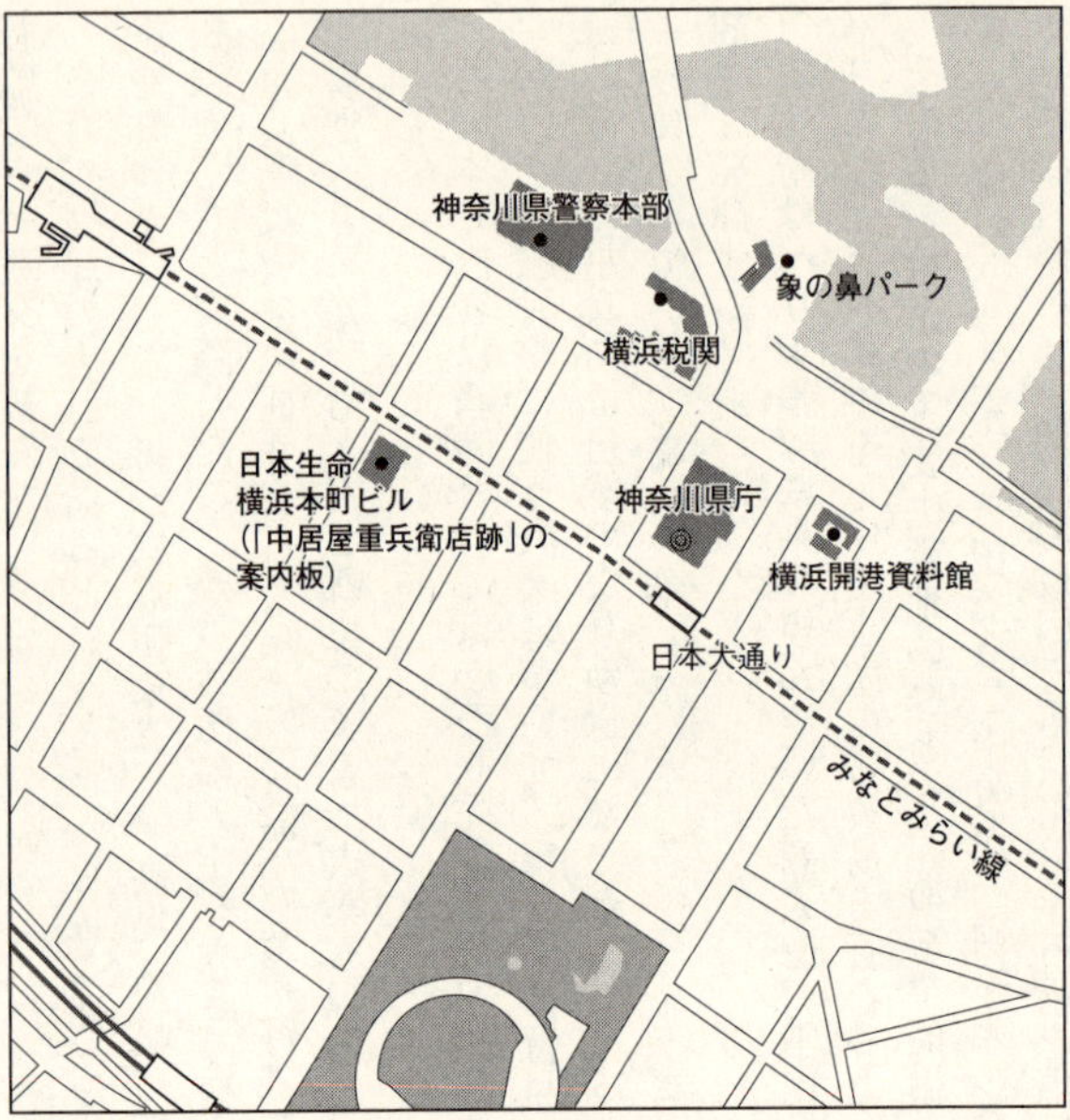

折からヨーロッパでは蚕《かいこ》の微粒子《びりゅうし》病で生糸はほとんど入手できず、最大の産地であった中国（清《しん》）は太平天国《たいへいてんごく》の乱《らん》で混乱していて生糸輸出どころではなかったから、日本産の生糸はいちやく注目されることになった。

また、安政《あんせい》元年（一八五四）には友人である医師・松田玄仲《まつだげんちゅう》とともに信州（長野県）小県《ちいさがた》郡依田《よだ》村飯沼（長野県上田市）に火薬の製造所をつくった。この場所は松代《まつしろ》藩・真田幸貫《さなだゆきつら》の領地であり、象山が幸貫の

中居屋重兵衛の銅御殿跡（横浜市中区本町２丁目の左角のビル）

許可を得ていた。

そして、安政六年（一八五九）六月二日、長崎、箱館《はこだて》とともに横浜が開港すると、重兵衛は本町四丁目に「銅《あかがね》御殿《ごてん》」と呼ばれる、敷地四百八十三坪（約千六百平方メートル）、間口十七間（約三十メートル）、奥行二十八間（約五十メートル）強、二階建ての豪壮《ごうそう》な構えの店を構えた。

「本町四丁目には中居という店あり、坐敷は異人の好みに任せ、中庭へ小鳥をはなち、金あみにて天井四方をかこい、風流あるはびいどろ（硝子《ガラス》）にて壁の内をはって水をいれて、金魚のここかしこと遊べてめずらかなり。此《この》坐敷に二尺余の四足台に横一尺七、八寸、竪《たて》六、七寸の箱をおきてあり、是はヲルゴルの大なる物にして、最もその音色美にして高し」（『横浜開港見聞誌』橋本貞秀著）という、贅《ぜい》を尽くした派手な店舗で話題を呼んだ。

とにかく生糸はよく売れた。

開港した安政六年の輸出量が三十万キロ、二年目の万延《まんえん》元年（一八六〇）四十九万キロ、三年目の文久《ぶんきゅう》元年（一八六一）は五十六万キロというすさまじい伸びをみせた。

郷里に潤沢《じゅんたく》な資金のある重兵衛は、勢いにのって利益をあげつづけた。松田玄仲は一番番頭になって重兵衛を助けた。

井伊直弼と安政の大獄

井伊直弼が四十四歳で大老《たいろう》に就任したのは安政五年（一八五八）四月二十三日である。大老は必要に応じておかれる臨時の役職であり、将軍に代わって政務をとる。常任である老中《ろうじゅう》の上位、将軍と同じ権力を有する最高権力者とでも呼ぶべき地位であった。井伊家は徳川四天王と讃えられた井伊直政《なおまさ》を祖とする譜代《ふだい》大名の筆頭ともいうべき家柄で、代々彦根藩主をつとめていた。

直弼は文化《ぶんか》十二年（一八一五）十一月、直中《なおなか》の十四男として彦根城の二の丸に生まれた。

掃部山公園（横浜市西区紅葉ケ丘）に建つ井伊直弼像

埋木舎（滋賀県彦根市尾末町）

　母は側室のお富で、父が死ぬと三の丸・尾末《おすえ》町の屋敷に移り住んだ。この屋敷が「埋木舎《うもれぎのや》」である。直弼はここで十七歳から十五年間、三百俵の捨扶持《すてぶち》で暮らした。三十二歳までのこの歳月は、直弼には「御残念の御歳月」であったと彦根藩の勘定奉行・三浦十左衛門の手紙にある。

　しかし、天保十三年（一八四二）十一月、直弼は領内の医師・三浦北庵《ほくあん》の紹介で長野主膳《ながのしゅぜん》と会う。二人は国史や和歌について二昼夜を語り明かしたという。主膳はこの後、直弼のブレーンとなり、精神的支柱になっていった。

　そして、不遇のまま生涯を終えるかにみえた直弼は、兄・直亮《なおあき》の世子《せいし》が死亡したため、急遽《きゅうきょ》家督を継ぐことになった。嘉永三年（一八五〇）、三十六歳のときである。

八年後の安政五年には直接将軍に意見を上申できる溜間詰《たまりのまづめ》から大老職への就任。

折から老中・堀田正睦《ほったまさよし》が外交に苦慮し、日本は新しい時代への胎動期をむかえていた。

直弼は大老としてただちに二つの難問にこたえなければならなかった。将軍継嗣《けいし》問題と日米修好通商条約である。

二つの問題は微妙にからみあっていた。というのは、直弼の大老就任の背後には紀州・徳川慶福《よしとみ》（のちの将軍・家茂《いえもち》）を擁立しようとする南紀派がひかえていた。

これに対して一橋慶喜《ひとつばしよしのぶ》（のちの将軍・慶喜）を擁立しようとする一橋派は、そのまま攘夷《じょうい》派であった。なぜなら、慶喜の父は尊攘的思想と行動で知られた水戸藩主・徳川斉昭《なりあき》だからである。

このような図式のなかで、直弼はまず一橋派の更迭《こうてつ》に着手した。土岐頼旨《ときよりむね》、川路聖謨《かわじとしあきら》、鵜殿長鋭《うどのながとし》らの高級官僚を格下げしたのだ。が、このとき老練な外交官であった駐日アメリカ総領事・ハリスがゆさぶりをかけた。

清国に大勝した英仏の連合艦隊が余勢をかって押し寄せ、アメリカより苛酷な条約を押しつけることになるだろう、ついては先に日米の調印をすませておき、英仏とはそれに準ずる条約を結べばよいとして、恫喝《どうかつ》とも忠告ともつかぬ申し入れを行なったのである。

直弼は「そもそも大政《たいせい》は幕府に委任されている。政治を行なうものは、機に臨んでは権道《けんどう》をとる必要もある。しかし、勅許《ちょっきょ》を得ない重罪は甘んじて直弼一人がこれをうける決意である」と判断し、安政五年六月十九日、江戸湾に浮かぶアメリカ軍艦ポーハタン号において無勅《むちょく》のまま日米修好通商条約に調印してしまった。日本側は下田奉行・井上清直《きよなお》、目付・岩瀬忠震《ただなり》、アメリカ側はハリスが代表である。

条約（十四箇条・貿易章程《しょうてい》七則）は公使の江戸在住、神奈川・長崎・新潟・兵庫を開港し、江戸・大坂も開放、自由貿易を決めただけでなく、領事裁判権、居留地の設定を認め、関税は協定制（税率は二割）とされる不平等条約であった。

この条約改正のために以後日本は半世紀以上にわたる困難な交渉をつづけなければならなかった。条約締結から条約改正までは、日本は列強の植民地であったとする評価があるほど不平等な条約だったのである。

その六日後の六月二十五日、直弼は諸大名を江戸城に集めると、将軍継嗣は家定の従兄弟《いとこ》である十三歳の慶福（家茂）に決定したことを発表した。つまり、直弼は幕府のために条約調印問題と次期将軍問題という二つの問題を一挙に片づけてしまったのだが、朝廷や徳川斉昭をはじめ攘夷派（一橋派）は激怒し、強く反撥《はんぱつ》した。そして、直弼は「ただ天下の為に怨み、悪《にく》むべきは、大老にこそあれ」（一橋家の家臣・平岡円四郎）といわれた。

以後はこうした指導者層だけでなく、直弼、つまり幕府のやり方に対してあらゆる階層の人々が発言することになった。朝廷が不満を表明し、外様が動き、譜代が非難し、一般藩士、学者、浪人、豪商などが活動しはじめた。彼らは連絡し、提携し、天下国家にかかわりをもとうとするようになっていった。改革者（＝志士）としての、いわば市民権をもつことになるのである。

具体的にいうと、孝明《こうめい》天皇は激怒して退位するといい出し、一橋派は公卿《くぎょう》たちに根まわしを開始し、梁川星巌、梅田雲浜《うんぴん》、西郷隆盛らは反・幕府勢力を形成し、今後は幕府と御三家、諸大名が一致協力して問題にあたるようにという勅諚《ちょくじょう》（「戊《ぼ》午《ご》の密勅」）を得た水戸藩が、いちやく力をもちはじめた。

また、長州では志士活動を行なうことを「正成《まさしげ》をする」（朝廷の忠臣・楠木《くすのき》正成のように、という意味）と称して若い志士たちが次々と国政の現場に飛びこむことになった。

攻撃は親直弼派の関白・九条尚忠《ひさただ》の排斥運動にまで発展していった。勅許がなかった「無勅」がいつのまにか「違勅《いちょく》」にされてしまったのである。

こうした状況に危機感を抱いた直弼は長野主膳のすすめもあって反対派を断固処罰することを決定し、小浜《おばま》藩主・酒井忠義《ただあき》を京都所司代に任じて老中・間部《まなべ》詮勝《あきかつ》とともに京都における尊攘派の捕縛にあたらせた。

これが「安政の大獄」である。

梅田雲浜、橋本左内《さない》、頼三樹三郎《らいみきさぶろう》、吉田松陰《しょういん》などの学者・志士を死罪にしたのをはじめ、直弼の最大の政敵であった徳川斉昭を永蟄居《えいちつきょ》、一橋慶喜、松平春嶽《しゅんがく》らを隠居謹慎させた。

御三家、公卿、公家につとめる老女ら七十五名にまでおよぶ断罪であった。日本史のなかでは思想犯、理論犯に対する珍しく大規模な処罰である。

しかし、この粛清は幕府の安定した強権が発動して行なわれたものではなかった。幕府という巨大な老樹が枯れて倒れようとする断末魔の叫びであり、この弾圧は結果的に攘夷派を刺激して攘夷運動を倒幕運動に変えるきっかけになっていく。

こうして安政五年は大獄に暮れた。

水戸の脱藩浪士に襲われた井伊直弼

安政七年（一八六〇）三月三日、上巳《じょうし》の節句。

水戸の脱藩浪士・関鉄之介《せきてつのすけ》をはじめとする十八名は愛宕山《あたごやま》（芝）の山上に予定通

り集合し、四つのグループに分かれて桜田門外の茶店に向かった。

まず、先頭を襲って行列を混乱させ、右から、そして左から、さらに後尾を襲う計画である。井伊家の行列は約六十名であった。

打ち合わせ通り直訴人をよそおって先頭に向かって一人が走り寄って供頭《ともがしら》と供目付《ともめつけ》を斬り伏せた。雪で遠目がきかなかった。行列の先頭でなにが起こっているか井伊家の侍たちにはよくわからない。合図の銃声が響き、全員が突撃した。

これに対応して井伊家の侍たちは駕籠を離れて迎撃態勢に入った。

もちろん駕籠を離れなかった者もいる。

両刀遣いで知られる河西忠左衛門《ちゅうざえもん》だが、河西は一人を斬り捨てたものの、計三名に攻撃されて倒れ、その隙をついて竹具足《ぐそく》に身をかためた有村次左衛門《じざえもん》は、反対側の稲田重蔵《じゅうぞう》とともに左側から刀の鍔《つば》まで駕籠を串刺しにした。

そして、直弼を引きずり出して首を落とした。

しかし、このとき次左衛門も数名によって斬りかかられてかなりの深傷《ふかで》を負っていた。駕籠に向かって突進したときに左右から攻撃されたためであった。

このあとにつづく次左衛門の動きを石沢源四郎という少年が目撃した。

「有村は胡座《あぐら》をかいて、短刀を一本持っておる。装束は（中略）撃剣のときに着る刺子《さしこ》みたいなものを下へ着て、そうして革の稽古胴を着ていた。（中略）胴を取って腹を切ろうと思ったが、それが邪魔になるからもがいた。（中略）周りに立っている者をしきりに拝んで、首をやってくれというふうにしたが、誰もやる者がない。どうしても死ぬことができないので、前にある雪を取って口に入れた」（『幕末動乱の記録』／「桜田門外の変　一少年の記憶」石沢源四郎〈「史談会」速記録〉八木昇編）

このとき石沢少年は会津藩の中屋敷で節句を祝う甘酒を飲んでいた。外が騒々しいので出てみると、大喧嘩だという。もっとよく見ようと駆け出そうとすると母に止められた。しかし、そっとぬけ出していったところ、この場面に出会ったと語っている。

次左衛門は直弼の首を所持して逃げようとしていた。

これを、直弼の供目付側小姓の小河原秀之丞《おがわらひでのじょう》という者が追っていた。

小河原もすでに深傷を負っていたが、追いすがって次左衛門を背後から斬った。

そして、小河原は次左衛門に同行していた広岡子之次郎《ねのじろう》に斬り伏せられたが、後頭部に長さ四寸（約十二センチ）、幅七分（約二センチ）ほどの傷を負った次左衛門はそこへへたりこむように胡坐をかいた。石沢少年はそこを見たのである。

次左衛門は「介錯《かいしゃく》を頼む」と叫んで息絶えた。

直弼の首は辰ノ口の若年寄・遠藤胤統《たねのり》（三上藩主）邸前の辻番所から遠藤家に届

桜田門外の変の現場・警視庁前（東京都千代田区）

けられ、井伊家にひきとられて駕籠で運ばれた胴体に藩医・岡島玄建《げんたつ》道隆によって縫いつけられた。

「公使館についたときにわたしを待ちうけていた第一の知らせは、とても信じがたい驚くべき性質のもので、知らされた内容を信じることをためらった。この国の大老すなわち摂政《せっしょう》が白昼に宮殿へおもむく途上で襲撃されて、暗殺されたというのである。……ときは三月二十四日（安政七年三月三日）の朝十時ごろであった。そのころ、雨とみぞれがいりまじるあらしが、むやみと外出したがる怠け者を思いとどまらせるほどに、むき出しの道路やあき地のうえを吹きすさんでいた。それでも大老の邸宅の門からは行列が現れてきた。……とつじょとして、怠け者風の男のひとりが身をひるがえして行列の中にわりこみ、摂政の乗り物のすぐ前につきすすんだ。（中略）一行は十八名ないし、二十名からなっていた。白刃のひらめきと怒号のうちに、四方八方に攻撃が加えられ、かんたんに乗物がきを追っ払い、ふみとどまる者を切り倒した。戦闘は短かったが、悲惨なものであった。（中略）その死闘から生きのこった摂政の家来ののこりの者は、短いあいだに自分たちの主人がどうなったかをたしかめるために乗物へとってかえしたが、そこで見出したのは首なしの胴体だけだった」（『大君の都』オールコック著・山口光朔訳）

また、次左衛門の次兄・雄助は大老暗殺の報をうけると水戸の金子孫二郎、佐藤鉄三郎らと京都に向かった。

勅書をうけて挙兵する根まわしのためであり、これが江戸薩摩藩邸の重役に知られたため雄助は伊勢・四日市で捕らえられ、鹿児島へ護送されて切腹を申しつけられた。薩摩藩は後難を恐れたのである。精忠組の大久保利通らは助命を願ったが認められず、雄助は二十五歳で自刃した。

桜田門外の変の黒幕はいったい誰なのか

この桜田門外の変に経済的援助を行なっていたのが先に述べた中居屋重兵衛である。暗殺には金がかかるからである。

重兵衛は資金援助だけではなく、かねてから斎藤弥九郎の道場で親しくなっていた斎藤監物に短銃二十挺《ちょう》まで提供したといわれる。

桜田門外の変の日は横浜も雪で、重兵衛は一人娘・たかの初節句の祝いを行なっていて、大老暗殺の報がとどくと快哉《かいさい》を叫んだという。

文久元年《ぶんきゅう》（一八六一）の春から夏にかけて重兵衛は新しい開港予定地である兵庫（神戸）を視察して横浜にもどった。

しかし、実は重兵衛はこのときすでに幕府から目をつけられていた。

安政の大獄のあと、幕府は雑穀、水油、蠟《ろう》、呉服、生糸の五品は江戸問屋経由とする輸出入規制を行なった。ぐらついている幕府政権・経済を安定させるための「五品江戸廻令《まわし》」であり、重兵衛はこれに違反していたからである。

また、大老襲撃にもかかわりがあることも発覚していた。

重兵衛は妻子を離縁して房総へ逃亡したが、しばらくして江戸へ入り、芝の隠れ家に潜んだ。ひっそりと潜伏生活を送っていたと思われるが、文久元年八月二日、流行っていた麻疹《はしか》にかかって急死した。四十二歳であった。

亡くなったのは芝の隠れ家であったといわれたり、幕吏に捕《つか》まって投獄され、毒殺されたともいうが、真相はわからない。

百万両を超えるという莫大な額にのぼる遺産がどうなったか、また、豪奢《ごうしゃ》な店も火事で焼失したがその原因はなんであったのか、いずれも不明である。

重兵衛は『子供教草《おしえぐさ》』という教訓・修身の本を書いている。

そのなかで人は「利」よりも「義」のために生きるべきであり「義」こそ「利」となると述べている。重兵衛自身は、みずからの一生が「利」を生んだと思いながらその悲劇的な死をむかえたか、それとも「利」にならなかったと思いながら死んでいったか。

重兵衛は「人間わづか五十年の星霜《せいそう》を徒《いたず》らに送ること、もったいなきことと思ひ慎むべし」とも説いている。

7 軍港・横須賀と小栗上野介【横須賀】

幕府とフランスが建設した港町の光と影

フランスの軍港をモデルにつくられた横須賀

横須賀の町は徳川幕府の勘定奉行であった小栗上野介忠順《おぐりこうずけのすけただまさ》と当時のフランス駐日公使レオン・ロッシュが手を結んでつくった。フランスの軍港ツーロンをモデルにした横須賀海軍工廠《こうしょう》（製鉄所）を設立したのである。

いずれも波乱に満ちた人生を送った小栗忠順とロッシュは、横須賀の海に何を見たのだろうか。

小栗忠順は、古くから親しまれてきた物語『小栗判官照手姫《はんがんてるてひめ》』の主人公・小栗判官の子孫である。

小栗を名のる旗本には二つの系統がある。

平氏系統は平貞盛《たいらのさだもり》の弟・繁盛《しげもり》から出た大掾《だいじょう》家の子孫で、常陸国《ひたちのくに》（茨城県）新治《にいはり》郡小栗にいた。この子孫が三河国（愛知県）に移って徳川に仕えた。

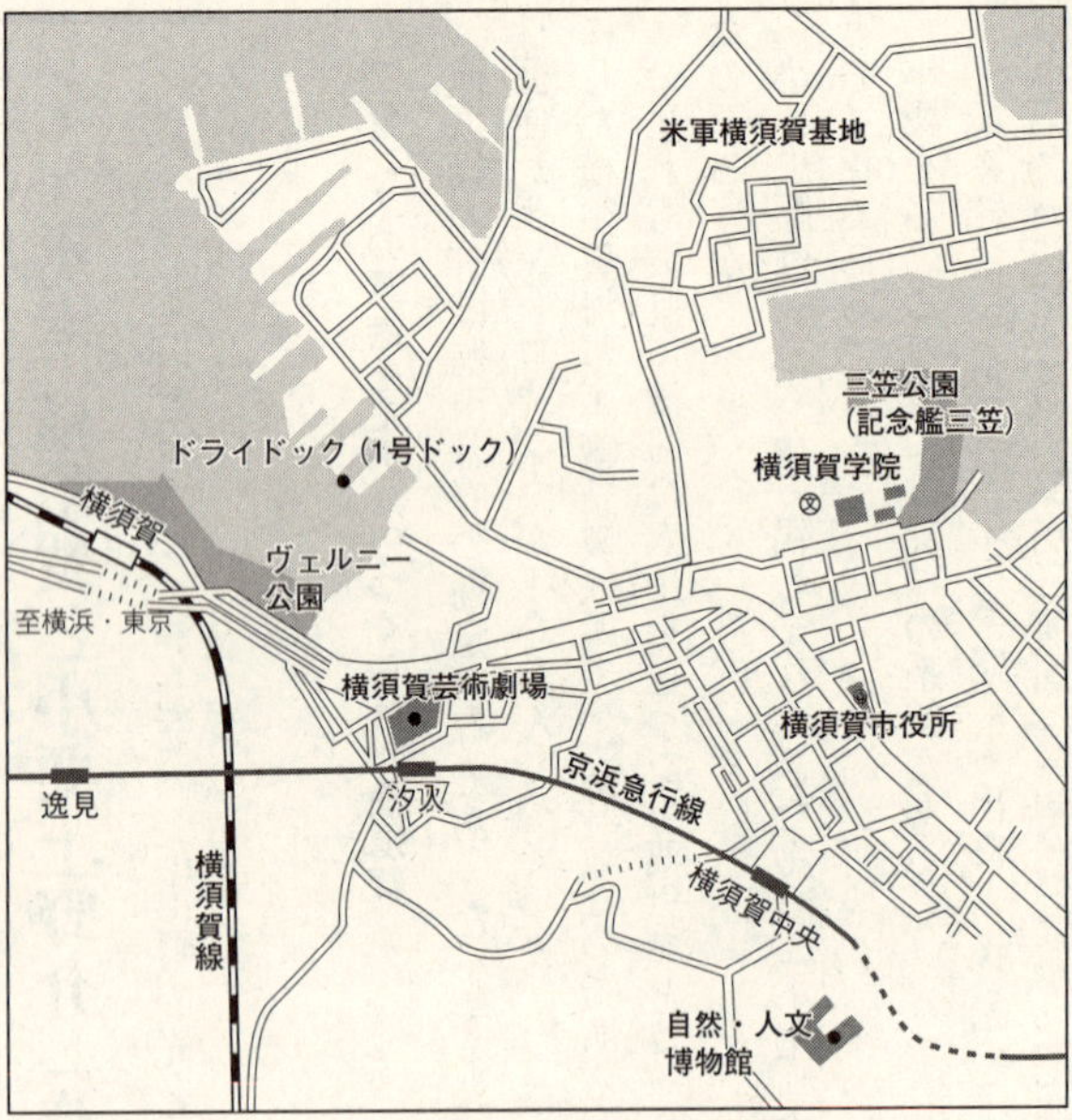

松平系統は徳川の末家で、はじめは松平を名のっていたが、吉忠《よしただ》のころに家康の命によって母方の姓を名のるようになった。つまりこの母が平氏系統であったということだから、厳密にいうと二つの系統があるというだけで、基本的には同じ一族で『小栗判官照手姫』の物語になった人物の子孫ということになっている。

早熟だった小栗上野介

この『小栗判官照手姫』のドラマから約四百年後の

小栗忠順像（横須賀市・ヴェルニー公園）

文政十年（一八二七）に生まれたのが小栗上野介忠順である。二千五百石取りの名門旗本で「御大身《ごたいしん》」とよばれる家柄だった。

忠順は七歳から安積《あさか》艮斎《ごんさい》に漢学を学び、剣は島田虎之助に、柔術は久保田助太郎、砲術は田付《たつけ》主計《かずえ》に師事した。

十二、三歳からタバコを喫《す》いはじめた忠順にはこんなエピソードがある。

播州林田藩主・建部《たけべ》内匠頭《たくみのかみ》政醇《まさあつ》（聖岡）を上屋敷に訪ねたときのことである。

文武両道の誉れ高かった内匠頭政醇の前で、忠順は臆したふうもなくキセルでタバコをくゆらせた。十四、五歳の忠順が、煙草盆にキセルの雁首《がんくび》を叩きつけて吸殻を出す、すぐに新しいタバコを詰め替えて火をつける。その物腰は実に堂に入っていてひどく大人びていたという。

また、自分が話す番になると、聡明な輝きを目に宿しながら、しっかりした口調できちんと論理的に話をしたという。

名門の子弟の大人びた態度などというものは、ともするとイヤミで眉をひそめるような雰囲気になるものだが、忠順はそうではなかった。政醇は忠順をかなり気に入ったらしく、次女を嫁がせた。

天保十四年（一八四三）三月、十七歳の忠順は初登城した。

翌年、父・忠高《ただたか》が御留守居番になり、翌々年には忠順も「番入り」を許されて切《きり》米《まい》三百俵を下賜《かし》される身分となった。

「番入り」とは、旗本の嫡男が御小姓組か御書院番のいずれかに組み込まれることだ。細かくいうと「於菊之間《おきくのま》縁頬」であった。これは、廊下に平伏して命令を仰ぐ者、ということである。その場所は畳廊下ではなく「縁頬」（エンキョウ、エンホホ）つまり、縁の床板に頬をくっつける者と呼ばれたのだ。

忠順は幼いころに疱瘡《ほうそう》にかかったため、満面にアバタがあった。小柄で眼光鋭く、精悍《せいかん》で言語理論明晰、登城の際には駿馬《しゅんめ》にまたがって、たいへん威勢のいい男だった。

やがて、安政七年（一八六〇）忠順は日米通商条約の批准書交換のために、井伊直弼に命じられて目付としてアメリカに送り込まれた。そしてホノルルを出てすぐに桜田門外の変の報《しら》せを受けた。

体制が激変しはじめた日本に帰国すると、忠順は外国奉行に任命された。

文久元年（一八六一）ロシア軍艦ポサドニックが対馬（長崎県）を占領したとき、忠順は退去を求めるために対馬に渡った。

しかし、この交渉は失敗し、忠順は外国奉行を免職になった。

このあと忠順は小姓組出頭、勘定奉行、歩兵奉行、陸軍奉行、勘定奉行勝手方、軍艦奉行と、めまぐるしく人事異動させられた。

世間では「またまた小栗様のお役替え」「任免七十回」などといわれたほどである。これは忠順だけのことではなく、幕府の内部が弱体化し、混乱していたということを示している。

しかし、凋落《ちょうらく》していた幕府とはいえ、いまでいう財務大臣と防衛大臣を兼任するほどだから、忠順は突出した出世をしたということになる。

岳父・政醇を魅《ひ》きつけた男としての魅力が忠順には充分あったと思われる。

忠順はまた、名門の因習よりも、リベラルな発想を重んじた。

砲術の師・田付主計のところでは、年長の友・結城啓之助と親しく交わった。啓之介は与力だったので、二人の間には大きな身分の差があった。しかしそんなことは気にせず、二人はいつも七つの海を自由に往来し広く交易すべきだと論じあった。

火花を散らすロッシュとパークス

一方、忠順と組んだレオン・ロッシュとはいかなる人物だったのか。

フランス駐日公使ロッシュとイギリスの駐日公使ハリー・パークスは幕末の日本を舞台に、ことあるごとに火花を散らしたライバルだった。

ロッシュは物腰柔らかく食い込むタイプだったが、パークスは乱暴で強引なタイプだったようだ。ラテンとアングロサクソンの違いか。

それぞれの国の日本に対する意図とその対応は、見事なほどに対照的だった。

ロッシュはパークスよりも一年ほど先に赴任している。ロッシュはともすればイギリスに引きずられがちだった前任者ベルクールに代わって、イギリスから日本に関する外交の主導権を奪うために着任したようなものだった。

着任早々、ロッシュは下関戦争（第一次長州征伐）に参加した。元治《げんじ》元年（一八六四）七月のことである。

これもひとえにイギリスに対する対抗意識からにほかならなかった。

イギリスは薩長に反幕的気運をけしかけていた。そこで幕府はフランスに協力を持ちかけるためにロッシュをけしかけた。いまのうちに主導権を奪っておかないと下関も占領されてしまう、とゆさぶりをかけたのである。

ロッシュは四か国連合艦隊に参加して長州を叩いておけば、幕府の歓心を買うことができると考えていた。

その後でイギリスからパークスが着任した。

パークスは前任者オールコックが築いた各国の指導者たるイギリスの立場をより強化していった。

つまり、二人は最初から激しい対抗意識を抱いて日本の土を踏んだ、まさに「宿敵」だったのである。

ロッシュは幕府が依然として日本運営の政権の主導権を握りつづけていることを利用して、フランスの立場を有利な場所へもっていこうとした。幕府に取り入るために、ロッシュはイギリスを公然と誹謗《ひぼう》中傷することも辞さなかった。まさに外交の要諦である狡猾《こうかつ》さを剝《む》きだしにして、手段を選ばず自国の利益を追求したのである。

実際ロッシュは幕府に取り入るためにあらゆる援助を幕府に持ちかけた。ロッシュのねらいは幕府と手を結んで貿易の利益を独占することだったのだ。

イギリスが自由貿易を主張し、幕府が貿易を独占することを雄藩が快く思っていないことを重要視していたのとは対照的である。

フランスを頼りきっていた幕府

嘉永六年（一八五三）、ペリーが浦賀に来航して開国を要求した。長い鎖国時代に突如としてあらわれた黒船は、まさに青天の霹靂《へきれき》であったから、日本は急激に国防意識を芽生えさせた。

幕府は翌安政元年（一八五四）さっそく鳳凰丸《ほうおうまる》を建造したが、とても海を渡ることなどできないものだった。

「此ノ如クンバ何レノ日カ能ク我海軍ヲ興張スルヲ得ン幕府此ニ見ルアリテ元治元年甲子有司ヲ会シ造船所ヲ江戸湾ニ起シ技師ヲ海外ヨリ招致シ以テ大ニ艦船製造ノ利ヲ興サント議ス」（『横須賀海軍船廠史』第一巻）

忠順は造船所の建設は幕府の事業としてではなく国家の急務であると考えていたのである。

また、かねてから幕臣・栗本鋤雲《じょうん》（瀬兵衛《せへえ》）はフランス人宣教師メルメ・デ・カションと親交があったが、このカションこそロッシュの通訳官であった。

幕権強化派であった忠順と鋤雲が、ロッシュとカションに急接近したのはいうま

横須賀1号ドック（横須賀製鉄所跡・現在は米軍基地のなかにある）

でもない。

すでにこのころ幕府はフランスを頼りきっていたから、忠順の主張をすぐに受け入れて横須賀製鉄所の建設計画が進められることになった。

しかし、混乱を極める幕府に資金があったわけではなかった。

忠順は財政難を見越してこういった。

「当時の経済は真に所謂《いわゆる》遣繰身上《やりくりしんしょう》にて例え此事を起こさざるも、其の財を移して他に供するが如きにあらず。故に、無かるべからざるのドック修船所《しゅうせんじょ》を取り立つるとならば、却りて他の冗費を節する口実を得るの益あり。又愈々《いよいよ》出来の上は、旗号に熨斗《のし》を染め出すも、猶《な》ほ土蔵附き売家の栄誉を残すべし」（川崎紫山・福地源一郎『小栗上野助小伝』）

たとえ幕府が旗に熨斗を染め出して、どこかに身売りするときでも、この製鉄所があれば、土蔵付きの売家だと威張ることもできようよ。現在の幕府財政はまったくの火の車で、この事業をやらないからといって、その分だけ余るというわけではない。だからどうしても必要なドック修船所を建てるのだといえば、かえって他の冗費を節約する口実にもなるだろうさ、というのである。

なかなか腹の据わった財政観である。

日本の将来を考えて建設された横須賀の製鉄所

元治元年、三浦半島の長浦湾を丹念に測量したフランス人たちは、この湾が地中海沿いのツーロン港とよく似ていることから、製鉄所の建設地には横須賀が最適であると判断した。

そして、三賀保・白仙・内浦の三湾にわたる七万四千三百五十九坪あまりの土地を埋め立てて製鉄所の敷地にすることになった。

日本での貿易の利権を独占したかったロッシュは、製鉄所（造船所）建設資金を各藩に負担させようとしたが、幕府は制度上そのようなことはできぬと断った。

ロッシュは日本の生糸の貿易を幕府が専売統制してフランスに輸出すれば建設資金はどうにかなると持ちかけて、幕府を口説いた。

米横須賀海軍施設

元治二年（一八六五）十一月の第二次長州征伐の際、幕府はロッシュにその作戦まで諮問《しもん》し、ロッシュはあたかも幕府の軍事顧問になったかのような扱いだった。

しかし、幕府軍は長州征伐を断行したものの、優秀な長州藩兵にあっけなく敗れてしまう。

長州はイギリスの商人トマス・ブレイク・グラバーから大量の武器を購入していたのである。そしてロッシュのライバルであるパークスはこれを黙認していた。

元治二年（一八六五）に幕府とフランスとの間で契約が正式に取り交わされ、製鉄所建設に着手した。海軍技師フラン

ヴェルニー像（横須賀市・ヴェルニー公園）

ソア・レオンス・ヴェルニーが招かれ、機械類を調達して、工場建設がはじまった。

　財政難にあえぐなか、非難ごうごうだったこの計画について、小栗忠順はこう述べた。

「海軍部下の者は、政府の旨趣の何たるかを解せず、其の之れを仏国に委《い》するを磽々し、他向の論者は無用不急の務なりと嗷々《ごうごう》し、大計に暗き（中略）は極口罵言して咄々《とつとつ》怪事とする輩もありて、百方之を毀ち壊らんと欲する者のみなりしが、其事の決定は既に数月前に在るを以て、総《すべ》て事後の論なれば一切取合わず」

（栗本鋤雲『匏庵遺稿 一』）

　忠順はひたすら日本の将来を思って製鉄所建築という事業を推し進めたのであ

る。

しかし、同年二月、あまりに物議をかもすことになってしまったため、忠順は表向きには免職となってしまった。

「其人となり精悍敏捷《せいかんびんしょう》にして多智多弁、加ふるに俗吏を罵嘲して閣老参政に及べるが故に、満廷《まんてい》の人に忌《い》まれ、常に誹毀《ひき》の衝に立てり」（福地源一郎『幕末政治家』）と書き残されていることからもわかるように、忠順には敵が多かった。江戸城のたいへん多くの人に「忌まれ」ていたというからすごい嫌われようである。また、自分よりも上役の者を馬鹿にして公然と腰抜け呼ばわりしたり、高慢な態度をとることもしばしばだった。

勘定奉行として決算書の承認を受けるときにも「どうせ説明したところでわからないでしょう。私に任せておけば心配ありません」などといったこともあるという。

軍政の改革には莫大な費用が必要だった。

幕府は長州に敗れたことを反省して、フランス式の軍隊訓練を行なうために教官をフランスから呼び寄せ、軍政の改革に着手したのである。

実はこの軍隊訓練も免職中に忠順が進めた計画だった。この免職が形式的なものだったことは、わずか三か月後の五月に勘定奉行勝手方に忠順が復職したことからもわかる。

結局、慶応二年（一八六六）、幕府は六百万ドルをフランスから借りることになった。

慶応三年（一八六七）二月、ロッシュは大坂城で徳川慶喜に面会して日本改革案を論じた。

将軍は日本の政治の全権を委任された最高権力者であり、天皇は形式上の君主にすぎない、これをあえて廃止することはないと説いたのである。

慶応三年（一八六七）三月には第一号ドックの開削が始まったが、同年十月に衝撃的な変化が日本に訪れた。

大政奉還である。

幕府は六百万ドルの借款《しゃっかん》を弁済しないまま、製鉄所の事業はそのまま明治政府に引き継がれた。

それでもロッシュは慶喜が依然として日本の権力者でありつづけるであろうと主張し、「慶喜の名声さらに高まり、憲法制定のため天皇の召集する会議の議長となるであろう。もし反対派がこれを阻止するならば、江戸に帰って本拠とするであろう」とフランス本国に報告書を送っている。

だが、王政復古の大号令が発せられて、いよいよ主権が徳川将軍家から天皇に渡ることになると、ロッシュは沈没直前の船から逃げるネズミのように幕府を見限った。ロッシュの立場としては当然の選択だが、イギリスのパークスがいち早く天皇を中心とする新政府支持を表明したのにくらべ、なんとも後味が悪い。

その後、ロッシュは各国代表とともに天皇に拝謁することを要求されたが、難色を示し、土壇場になって了承するというなんとも煮え切らない態度を露呈してしまう。権力の交代による大きな流れを、ロッシュは的確にとらえることができなかった。

ロッシュを日本に派遣したことは、フランスにとっても大きな打撃となったのである。

ロッシュは慶応四年（一八六八）、フランスに帰国して以後引退し、明治三十三年（一九〇〇）九十歳でニースにて亡くなった。

大政奉還後の小栗上野介

一方、小栗忠順は大政奉還のあとどのように生きたのだろうか。

忠順は日本と幕府のために生きてきた。

「度量が狭い」「幕府のことしか頭にない」とまでいわれた忠順は、かたくなに官軍に抗戦することを主張しつづけ、江戸城に残った。

忠順屋敷跡（群馬県高崎市）

　しかし、慶応四年（一八六八）一月十五日、強硬な態度をとりつづけた忠順は「御役御免」となった。優秀であることは衆目《しゅうもく》の一致するところだったが、幕臣としての忠誠心が強すぎたため、新政府から遠ざけられたのである。

　忠順は領地の上州群馬郡権田《ごんだ》村（群馬県高崎市）に引きこもり、農民として生きる決心をした。権田村に着いた日の日記には特別な想いは書かれておらず「村役人共気嫌聞《きげんきき》に罷出《まかりで》る」とだけあるのが、逆に痛々しい。

　そのうえ到着の翌々日、忠順は近隣の村に集まった数千人の博徒に襲われる。忠順は農兵を組織してこれを撃退した。

　この騒ぎは忠順が江戸から軍資金を持ち込んだと思いこんだので襲われたのだ

という説や、官軍が仕組んだものだという説もある。

忠順は記念に大砲二門、小銃二十挺を江戸から持ち帰っていた。

この火器が重大な結果をもたらすことになった。というのは、それまでの忠順は激しく政権を朝廷に奉還することに反対を唱えていたから、それらの武器は陣屋を構えて新政府に抵抗しようという動きだと解釈されたのである。

あるいはそうした考えも忠順にはあったかもしれないが、タカ派の忠順が農民になろうと決意したのだから、あきらめの心境というほうが近かっただろう。

権田村に戻ってわずか三か月後の四月五日、東山道軍総督府の命により、忠順は官軍に逮捕されて、翌日には烏川のほとりで斬首された。

すでに危険を察して母と妻を会津に落ちのびさせてあった忠順は、無実をわめきたてる家臣をたしなめて、泰然と首を斬られたという。

処刑後、忠順の首は烏川にさらされた。その脇に立てられた捨札《すてふだ》にはこうあった。

「右之者朝廷に対し奉《たてまつ》り大逆を企て候条《そうろうじょう》明白《めいはく》に付《つき》天誅を蒙《こうむ》令《ら》む《し》者也《ものなり》　慶応戊辰閏四月　東山道先鋒総督府吏員」

逮捕の理由も示されず、取り調べもなく殺されたのは「天誅」だったということらしい。忠順の斬首の翌日には養嗣子・又一も斬首された。

上野介顕彰慰霊碑（群馬県高崎市）

「小栗上州は平生果断の人にて、公事のために私を忘れ、国家多事の際に臨み、百折撓《ひゃくせつたわ》まず、只狷介《けんかい》の性なれば、世上の説往々毀誉《きよ》相半せり。雖然《すいぜん》その凶報は、皇国に取りて一個の人物を失へりといふべし。其罪を論ぜず、其過を譲めず直ちに之を殺戮せるは（中略）億兆の民庶、御愛撫之御趣意とも覚えず、之を天下の公議に質せんのみ。右之議論を添へ、匿名にて余が新聞局に投ぜる者あり、依てここに出す」（『江湖《こうこ》新聞』）

烏川のほとりには「偉人小栗上野介、罪なくてここに斬らる」と刻まれた碑が建っている。

8　旗本になったイギリス人【横須賀】

異国に暮らした三浦按針の「その後」

藤沢で休憩をとったアダムズ

平戸（長崎県）にあったイギリス東インド会社の商館長リチャード・コックスとウィリアム・アダムズ（三浦按針《みうらあんじん》）たちは、元和《げんな》二年（一六一六）七月十四日、相模《さがみ》・藤沢宿（神奈川県）で昼食をとった。

どこで食べたかは不明だけれども、おそらく旧東海道筋の本町の大きな旅籠《はたご》であっただろう。

コックスの日記に次のように記録されている。

「我々は二日間オドワル（小田原）に滞留してのち、今朝そこから出発して、宿には〔銀〕六四匁《もんめ》相当のコバン一枚を、また使用人たちにはジン（銀）三〇〇文《もん》を、また二箇所の通行料にジン五二〇文、またオイエサ（大磯）では酒と食事代と使用人たちへの分とでジン一二〇〇文、またフジサワ（藤沢）で午餐《ごさん》（昼食）の代

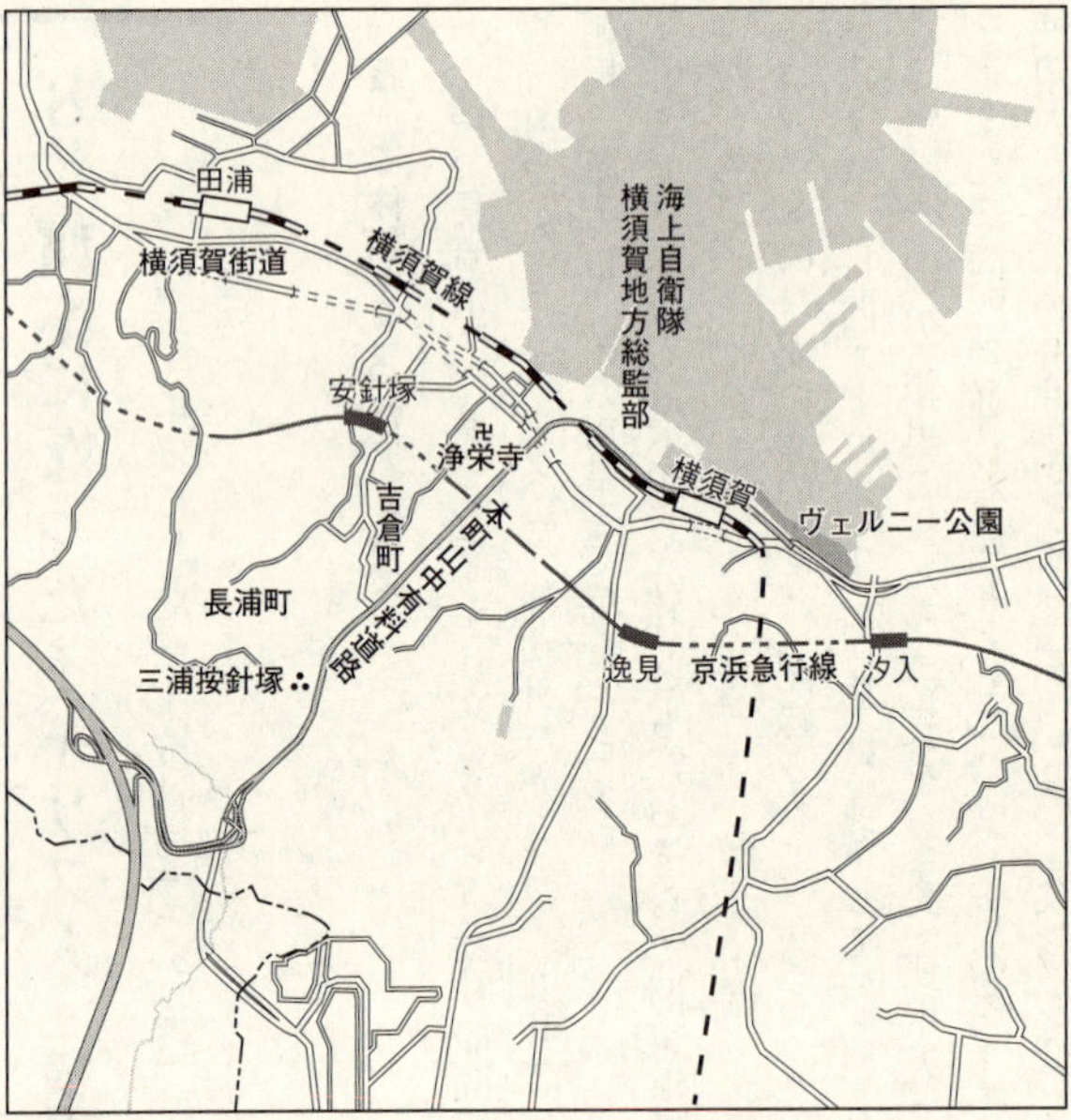

ジン一〇〇〇文を支払った。

この地でキャプテン・アダムズのフェビイス（三浦郡逸見《へみ》村＝現在の横須賀市逸見）の領民二人が我々を出迎えて、白麺麭《パン》一〇塊と煮つけた牛肉一皿に葡萄酒《ぶどうしゅ》二壜《びん》を添えた贈物を持参した。

そして、こうして我々は江戸から一〇リーグ（約五十キロ）手前のトズカ（戸塚）へ来て泊まった」（丸括弧注は引用者）

朝早く小田原を出発したコックスとアダムズ一行

は、昼には藤沢に到着している。さらに藤沢から戸塚まで行ってそこに宿泊した。一日で約四十キロを歩く旅であり、当然ながら山坂や丘陵の上り下りもあるわけだから、荷物を従者に持たせているとはいえ、なかなかの強行軍である。

そしてアダムズが三浦郡逸見村の郎党に命じて藤沢まで届けさせたパンと肉とワインを口に入れることができて、一行はほっと蘇生する思いで励まし合いながら歩を進めた気配である。

コックス一行、わけてもアダムズには先を急がなければならない理由があった。実はこの旅にはアダムズの人生のすべてが賭けられていたのである。

豊後に漂着したアダムズ一行

アダムズはロンドンから五十キロほど東にあるケント州ジリンガムで生まれた。正確な生年月日は不明だが、シェイクスピアが生まれたのと同じ永禄《えいろく》七年（一五六四）生まれで、同年の九月二十四日に幼児洗礼を受けている。

父親のジョンは漁夫・船乗りで、母の名は不明である。その生家はひどく貧しい下層階級であったから満足に教育を受けることもなく、十二歳のとき父親が死ぬと、アダムズはテームズ川の北岸にあるライムハウスの町の造船業者ニコラ・ディギンスの徒弟《とてい》になった。

まだ子供であったが、懸命に働き、この徒弟時代に造船技術だけでなく数学、幾何学、地理・天文・方位学を身につけた。

またアダムズは日本では秀吉が政権を握った天正十六年（一五八八）に海軍に入り、アダムズ自身がつくって進水させた百二十トンの「リチャード・ダフィールド号」の艦長として、スペインの無敵艦隊と戦っていたイギリス艦隊のために武器弾薬や食料を輸送する仕事をやった。そして、二十四歳になっていたアダムズは、この仕事で一本立ちできたらしく、戦勝直後にメアリー・ヒンという女性と結婚した。

しかし、結婚したメアリーとの家庭をかえりみることはほとんどなかった。なぜなら南はアフリカ西海岸、北はスピッツベルゲン諸島まで忙しく航海する日々を送っていたからである。

こうして海の生活をつづけているうちにヘット・ヘローフ号（信仰）、ブライデ・ボード・スハプ号（喜こばしき使い）、トラウ号（忠誠）、ホープ号（希望）そしてリーフデ号（慈悲）という五隻のオランダ船が極東へ遠征する計画があることを知り、アダムズは弟のトーマスとともにパイロット・マジョール（主任航海長）としてこれに参加することになった。

アダムズ像

慶長三年（一五九八）六月二十四日にロッテルダムを出帆した艦隊は、嵐と飢餓と名もない島々の蛮族の攻撃を受けるなどし、アダムズが乗っていたリーフデ号（三百トン）は漂流を余儀なくされ、慶長五年（一六〇〇）三月十六日に豊後《ぶんご》・佐志生《さしう》（大分県臼杵市《うすき》）の海岸に漂着した。

オランダを出帆したときには五隻だったのに、一年九か月後に日本に漂着できたのはリーフデ号だけであったのは、幸運であったことと同時に、航海士としてのアダムズの優秀さをあらわしている。

同号が投錨《とうびょう》したとき、百十名いた乗組員のうち生き残っていたのは二十四名で、そのうち辛うじて立っていられる者はアダムズのほかに六名しかいなかった。

そして、このことは臼杵城主・太田重正が長崎奉行・寺沢広高（唐津城主）に急報し、ただちに大坂城の豊臣秀頼に報告された。

だが、秀頼からの返事は来なかった。

かわりに大坂城・西ノ丸にいた豊臣家五大老の一人である徳川家康から代表者に会うという使者が着いた。すでに天下取り間近だった家康は鋭く反応したのである。

病に倒れていた船長ヤコブ・クワッケルナックの代理として、アダムズは堺経由で大坂城へ赴くと、西ノ丸で家康に謁見した。

慶長五年三月三十日、関ヶ原の合戦の五か月前のことで、家康はアダムズにさまざまなことをたずねた。

どこの国の出身か、日本に来た目的はなにか、戦争について、積荷や航路についてなどで、その日は牢に放り込まれて、引き続きイギリス人や家畜や家屋などに関する質問をした。家康は終始好意的であったという。

家康の外交顧問に就任

関ヶ原の合戦に大勝した家康は、アダムズの優秀さを見抜いて外交顧問に任じた。アダムズの新しい知識や判断力、性格の公正さや誠実な努力家であることなどの秀《すぐ》れた資質を活用すれば、樹立したばかりの政権の拡充強化に大きく役立つと考えたのだ。

家康はアダムズに江戸・日本橋小田原町（東京都中央区日本橋室町《むろまち》一丁目および本《ほん》町《ちょう》一丁目）に敷地面積一千坪ほどの役宅をあたえた。昭和初年まで「按針町（安針町）」と呼ばれていた一角である。

また、アダムズと同じリーフデ号の乗組員であったオランダ人のヤン・ヨーステン・ローデンスタインも、このとき同時に家康の側近にとりたてられて屋敷地と給禄五十人扶持をあたえられた。ここも彼の名前の通り八代洲《やよす》（八重洲《やえす》＝東京駅の東側一帯）と呼ばれることになった。

やがて家康は駿府《すんぷ》（静岡県）に隠居し、それまでの功績に報いるためアダムズに三浦郡逸見村に二百五十石をあたえ、地名の三浦を苗字に、按針（羅針盤を扱う者という意味）を名としてあたえた。慶長十年（一六〇五）のことである。

いまアダムズ夫妻の供養塔が建つ横須賀市塚山公園の小高い山の展望台に立つと、横須賀の港や遠くに横浜ベイブリッジが望見できる。また、視線を西の方角に動かしてゆくと、富士山がその整った稜線を見せている。

三浦半島は家康の江戸城をかかえこむ江戸湾口に位置している海の要衝であり、わけても按針が家康からあたえられていた逸見、つまり横須賀はフランスのツーロンと地形が似ているということで幕末に製鉄所（海軍基地）が設けられたことからもわかるように、まだ生まれたばかりで首のすわっていなかった幕府にとってきわめて重要な軍事拠点であった。

したがって家康は、三浦半島には船手組《ふなてぐみ》（幕府海軍）を統括していた向井政綱《まさつな》を中心とする水軍の旗本を配置していた。しかも船手組には浦賀水道をはさんで対岸の房総半島にも領地をあたえて江戸を守らせており、このことは、のちにアダムズの人生に改めて大きく影響してくる。

また家康はアダムズが既婚者であることを承知のうえで日本橋大伝馬町の名主・

アダムズ居館跡（横須賀市鹿島神社）

馬込《まごめ》勘解由《かげゆ》の娘（縁者？）雪と結婚させた。のちに二人の子供が生まれる。

慶長十四年（一六〇九）にオランダ船が平戸に来ると、ウィリアム・アダムズは彼等に全面的に協力し、その尽力は平戸のオランダ商館の設立に結実した。そして、こうしたアダムズに関する情報をイギリスも入手することになり、慶長十八年（一六一三）六月十二日、イギリス東インド会社が派遣したジョン・セーリスが指揮するクローブ号がようやく平戸に着いた。

しかしアダムズは、祖国イギリスから来た者に対してひどく不親切だった。まったく好意を示さず、アダムズはセーリスから提供された商館内の部屋をいらないと断り、平戸市中に借りた自宅まで送ってもらうことを拒否した。

あるいはセーリスはアダムズをクローブ号に招いて船で昼食を供したが、アダムズはそこへ迎えに来たスペインやポルトガル人水夫とともに帰ってしまった。

それでもセーリスは、翌日には商館員と相談して贈りものを吟味し、セーリス個人としても高級品をプレゼントした。アダムズが「いくらか同胞の感を起こす」ことを期待したのである。

だが、アダムズはセーリスに対してわずか六シリングの軟膏《なんこう》容器と硬膏《こうこう》箱を贈ったにすぎなかった。かなり立派なプレゼントに対して五、六百円のお返しをした、ということだが、セーリスは「ありがたく受け取った」と日記に書いている。

アダムズはセーリスをともなって平戸から博多、大坂経由で大御所と呼ばれるようになっていた家康に会いに行った。

この慶長十八年九月八日の駿府城における謁見によって日本とイギリスの間に国交樹立が約束されることになったが、当日セーリスがイギリス国王ジェームズ一世の親書を直接家康に渡すと、家康はその親書をうやうやしく押しいただくように受けとって「遠路ご苦労、ようこそ来られた。どうぞ一両日休憩せられよ。その間にイギリス国王への書簡ができるであろう」とこたえた。もちろん通訳したのはアダムズである。

駿府城内に建つ徳川家康像

セーリスとの関係がこじれる

二代将軍・秀忠《ひでただ》との謁見も無事に済ませ、江戸を出帆して駿河に向かう途中、セーリスは浦賀《うらが》（神奈川県）に立ち寄った。そこはアダムズの領地の隣接地でイギリス商館を開設する候補地だったからである。

アダムズは前々からイギリス商館の開設は浦賀が最適だと主張していた。

セーリスが日本に来る五か月前の一月十二日付のバンタム（イギリス東インド会社の商館がおかれていたジャワの町）に出した手紙に、アダムズは「江戸の都市は（註：北緯）三六度に位《くらい》し、日本のこの東部付近には最好の港があり、陸から半マイルの間、浅瀬や岩礁《がんしょう》が一つもなく、海岸はサッパリしていて、また商品の販売にも、船の安全のためにもよろしい」と述べている。

たしかにその通りで、もし浦賀を拠点とすれば、イギリスはすぐ近くの江戸の幕府中枢に直接食い込むことができるはずだった。なぜならイギリス商館を浦賀に置くことは家康の希望だったからである。

だが、平戸へもどると、セーリスは商館は平戸に設置すると決定したのである。平戸の領主・松浦鎮信《しげのぶ》とセーリスの両者が急速に親しくなったことが商館を平戸に置くことになった最大の理由であった。

さらに、ジェームズ一世と家康の書簡の翻訳について、日本語がわからないセーリスも、さすがにその内容を把握していたと思われる。

アダムズはジェームズ一世の書簡を、丁寧な言葉遣いで請願調に訳した。家康に対する配慮からである。

そして、家康の返書はきわめてへりくだった言いまわしに訳されており、原文にないことも加えられているという（村川堅固氏）。要するに日英の間に立って、アダムズは両方の顔を立てた外交文書をあえて誤訳したのである。

だが、セーリスは、そんなことは知ったことではなかった。三十歳そこそこのセーリスにとって大切なことは、利益の確保であった。具体的には外交文書を正確に訳してもらえばそれでよかった。したがってセーリスはアダムズを信用できない男だと思ったにちがいない。

さらに、もうひとつの問題があった。イギリス東インド会社のために働くアダムズを、オランダ東インド会社は、それまでの恩恵を忘れた裏切り者だと考えるようになったのである。

やがてセーリスはリチャード・コックスという男をイギリス商館長に任命して帰国した。そのあと、アダムズは東インド会社の二年契約の社員になった。

このころすでにアダムズは家康から帰国の許可をもらっていたが、しかし、セーリスが指揮するクローブ号には乗らなかった。

お互いの疑心暗鬼でセーリスとの関係はこじれにこじれていたのである。

さらに、アダムズのその後の人生を一変させる大事件が起こった。

元和《げんな》二年（一六一六）四月十七日、家康が駿府で七十五年の生涯を閉じたのだ（胃癌）。驚いたアダムズは、自分の人生を左右する二代将軍・秀忠に会見するため、商館長コックスらとともに江戸へ急行した。このとき冒頭で述べたように藤沢で昼食をとり、逸見村から届けられたパンや葡萄酒や肉を食べたのである。

が、九月一日に許可された会見で、秀忠はただ挨拶をしただけだった。軽く会釈しただけで、至って素気ない会見に終わったのである。

そのあとコックスたちはアダムズの所領・逸見で三日ほどを過ごしたが、そこで新しい朱印状を確認して仰天した。新しい朱印状はイギリスの商取引を平戸に限定していたのだ。

アダムズとコックスは再び江戸へもどって幕閣や役人を訪れ、朱印状を家康時代と同じ内容にしてほしいと請願した。

しかし、誰も首をタテに振らなかった。十月十五日には、秀忠自身がイギリスの商行為を平戸に限定した決定は変わらないと明言するに至った。

完全にダメ、である。

幕府にとって価値がなくなったアダムズ

アダムズはイギリス東インド会社をやめることにした。契約期限が切れていたし、給料に対する不満があったからである。

独立したアダムズはジャンク（木造帆船）を一隻買い入れて修理すると、ギフト・オブ・ゴッド号と命名し、コーチシナ（ベトナム）に向かった。自前の船主としてイギリス商館の品々を含む積荷を捌《さば》く貿易を行なうためである。

だが、この航海から平戸にもどって水夫の賃金に関する騒乱事件に巻き込まれて襲撃されることになったアダムズは、今更ながら自分の立場が家康のころにくらべてひどく弱体化したことを痛感させられた。それに、足もとをみた平戸の松浦氏の態度も、ひどく冷たくなっていた。

そして、アダムズは家康時代と同じ特権を再獲得しなければやってゆけないと判断し、もう一度江戸に赴いて失地回復をはかることにしたのである。

元和三年（一六一七）九月、江戸に着いたアダムズは、コックスとともに重臣たちにつけ届けをしたうえで将軍攻略にとりかかった。

その様子をコックスが日記に記している。

「キャプテン・アダムズは今朝も再び宮廷（江戸城）に赴いたが、彼は昨晩、今朝再び来るようにとの答えを聞いて帰ったからである。彼は昨日は終日、一昨日もそうした通り、朝から晩まで何も食べずにその場に坐り通していたものである」（九月十九日・丸括孤注は引用者）

アダムズは申請した権利が秀忠に認可されるのを、城内の一室で粘り強く、ひたすら待ちつづけた。

脚をのばしたり横たわって待つわけにはいかないから、畳の上に胡座をかいていたと思われるが、何日も何日もそうして待ちつづけた。

「キャプテン・アダムズが再び宮廷へ戻って行った」（九月二十日）

「宮廷での訴えを継続するためキャプテン・アダムズを残して」（九月二十一日）

「キャプテン・アダムズが再度宮廷へ赴いたが、しかし何事も果さなかった」（九月二十六日）

アダムズは江戸城の一室でひたすら待ちつづけた。

待ちつづけたが、しかし、シャム（タイ）とコーチシナへゆく許可がとれただけで、貿易は平戸に限定するという定めは変わらなかった。

幕府にとってアダムズはもうなんの価値もない存在になっていたのだ。

崎方公園（長崎県平戸市）に建つ三浦按針の墓

三浦按針之墓
うゐりあむあだむす

アダムス夫妻の供養塔（横須賀市逸見）

その後、アダムズはイギリス商館のために、あるいはオランダ商館のために働き、両者のトラブル解決のために翌年も江戸城に赴いた。

が、すでにアダムズは病んでいた。

元和五年（一六一九）八月末に倒れたアダムズは、翌年五月十六日、平戸のイギリス商館に隣接する木田弥次右衛門宅で死んだ（死因不明）。

漂着した日本で約二十年の歳月を過ごして五十五歳の生涯を閉じたアダムズにおくられた戒名は寿量満院現瑞居士である。

9 横浜のシルクロード【横浜】

八王子から横浜へとつづく「浜街道」をゆく

手付かずの自然が残る鑓水

ＪＲ八王子駅から国道十六号線（浜街道）を五キロほど南下すると、御殿峠《ごてんとうげ》（杉山峠）の信号がある。

この信号を左折し、そのまま一本道を走って八王子バイパスの下をくぐるトンネルを抜けると鑓水《やりみず》である。

多摩丘陵、あるいは斜面に槍のように尖らした竹を打ち込んで飲料水を得ており、これを「ヤリミズ」といったことからヤリミズという地名になったといわれるこの地区は、かつて絹商人たちの栄耀栄華《えいようえいが》の舞台になったところだ。

蚕は孵化《ふか》すると、桑の葉を食べつづける。

そして、前後四回の眠りを経たあと脱皮して成長し、生糸を8の字状に一千メー

鑓水の風景（東京都八王子市）

トル以上も吐いて繭《まゆ》をつくる。この生糸をほどいて何本か撚《よ》り合わせ、絹糸をつくることを考えついたのは、日本の新石器時代の中国の人々であった。

この技術はどんどん発達し、漢の時代には最高度に達したといわれるが、蚕種、養蚕《ようさん》技術が秘密にされていたことから、黄金と並ぶ価値をもつようになり、以来、絹は富や権力の象徴にまでなった。

ヨーロッパには六世紀に伝えられたが、日本にはかなり早くに伝来したようで、佐賀県吉野ヶ里《よしのがり》遺跡から弥生時代中期（紀元前一世紀後半）の錦織りの絹片が出土しているし、三世紀前半には養蚕が行なわれていた記録もある。

上野《こうずけ》（群馬県）、武蔵（埼玉県）、甲斐

道了堂前

（山梨県）、信濃（長野県）は質の高い生糸を産出してきたが、幕末維新にこれらの名産地の農家から、生糸が中山道《なかせんどう》や甲州街道を通って八王子（東京都）に大量に集められ、八王子から横浜（神奈川県）へ続々と運ばれた。

　八王子から横浜へのルートはいくつかあったが、最も代表的な街道は八王子市八日町《ようかまち》から浅川を渡り、片倉、御殿峠経由で道了堂《どうりょうどう》がある鑓水峠（大塚山・海抜二百十八メートル）を越え、鑓水の集落を南に下って坂木谷戸の小泉栄一氏宅（都民俗文化財・養蚕農家）の前を通り、田端、小山《おやま》を経て町田から横浜へ向かう八里（三十二キロ）の行程である。

　この道は「浜街道」あるいは「浜道」「絹街道」と呼ばれ、起点から終点まで

小泉家住宅

すべて天領で、幕府の代官が直接支配していた街道であった。

現在では住宅・都市化の嵐によって、その姿は土の底に埋もれて消えてしまっている。しかし、鑓水（八王子市鑓水）にだけは、何が幸いしたのか、手付かずでほとんど丸ごと当時の風景が残っている。

畑は丁寧《ていねい》に耕され、山裾の竹林が風に波打ち、野焼きの煙がたなびき、小鳥がさえずっている。間の抜けたような牛の声は、訪れた者をたちまち過去の時間へ導いてくれる。

そして、鑓水の中心人物であり「石垣大尽《だいじん》」といわれた八木下要右衛門《やぎしたようえもん》の屋敷跡が、現在絹の道資料館になっている。

要右衛門は名主《なぬし》で、いまなお残るその

石垣の上の敷地には、屋敷のほかに外国人接待用の「異人館」を建て、オランダ人を顧問にして生糸の取引を行なっていたという。しかし、三代目が四代目に刺殺されるという悲惨な事件の後、八木下家は廃業してしまった。

要右衛門の石垣の右隣は、大塚五郎吉邸跡である。現在も子孫が同じ場所に住んでいるが、初代・五郎吉は、鑓水を支配していた伊豆・韮山の代官・江川太郎左衛門と手を結んで密貿易を行ない、巨万の富を築いたといわれる。

このような鑓水商人は、一斗樽《いっとだる》に生糸を詰めて横浜へ運び、帰りには同じ一斗樽に小判を詰めて帰ってきたという伝説が生まれるくらい大きな利益をあげていた。最盛期には百戸ほどの集落に土蔵が七十棟以上も立ち並んでいたというからその勢いがうかがい知れる。

鑓水商人は、絹街道で一攫千金《いっかくせんきん》の夢を実現させたのである。

なぜ鑓水は有名になったのか

小集落にすぎなかったこの鑓水が、日本経済史の重要な場所として語られるようになったのは、アメリカの東インド艦隊司令長官ペリーが浦賀に来航したことがきっかけになった。

嘉永六年（一八五三）六月三日にさかのぼる。

マストに星条旗がひるがえる黒い蒸気船に幕府は仰天し、諸藩に命じて沿岸を警備させたが、海防といっても貧弱な戦力のためにかなわず、日本側はペリーからフィルモア大統領の国書を渡されるはめになった。

そして、ペリーは、一年後に回答をうけとりにくることを宣告して太平洋のかなたに去っていった。

翌年の嘉永七年（一八五四）一月、ペリーは七隻の軍艦をひきいて再び来航した。

このとき日米和親条約が締結され、二百年以上にわたる鎖国の歴史が終わったのである。安政五年（一八五八）には、大老・井伊直弼によって日米修好通商条約が結ばれる。安政六年（一八五九）六月二日、横浜は箱館（函館）、長崎とともに開港場として世界に開かれた。

葦《あし》の生い茂る沼地が散在する武州久良岐《くらき》郡横浜村というわずか百一戸の貧しい漁村を、開港場にふさわしいと幕府に献策したのは、二度にわたるペリーの来航時、松代藩軍議役として横浜村の警備にあたった蘭学者・佐久間象山《しょうざん》（勝海舟の義弟）だった。

幕府は象山の意見を採用し、港湾都市の整備や、商人を多数移住させるための資金として九万六千両を注ぎこんだ。

「海港の様子、神奈川迄の往来、新道相い出来、実に公儀の勢いにあらざれば、成る事ならん（中略）其の勢い如何《いかが》相成る物か、凡庸《ぼんよう》の計り難き処なり」（『塵壺』）

開港して三日目の六月五日に河井継之助《つぎのすけ》（長岡藩士）が横浜見物をして述べた感想である。

また、その一年後の万延元年（一八六〇）六月五日、ヘボン（米・宣教師）は本国宛ての手紙でこう伝えた。

「港内にはいつでも十艘《そう》くらいの横帆《おうはん》装置の日本船が碇泊《ていはく》していて、しかも貨物を満載し、出帆して行きます。主要な輸出品は生糸、油、茶、絹織物、海藻類、小麦粉豆類」

とくに生糸は、折からヨーロッパで蚕が微粒子病の流行で打撃を受け、最大の産絹国である中国は太平天国の乱で輸出ができない状態にあって、日本の生糸が一躍注目されるようになった。

横浜における生糸の初取引は、甲州島田糸六俵で、イソリキ（どのような人物か不明）というイタリア人と芝屋清五郎との間で交わされた。

それから間もなく生糸は日本の初期輸出の六〇パーセント～七〇パーセントの売上げを占めるようになり、文久二年（一八六二）には八六パーセントに達したというから、供給元の鑓水商人はさぞ笑いが止まらなかっただろう。

横浜では「銅御殿」を建てて井伊直弼暗殺計画に資金を援助した中居屋重兵衛や「三渓園《さんけいえん》」をつくった原富太郎の義祖父・善三郎、初代甲府市長になった若尾逸平《いっぺい》と幾造の兄弟、茂木《もぎ》惣兵衛、野沢屋庄三郎など、そうそうたる商人たちが店を張って腕を競いあった。

越前（福井県）藩主・松平春嶽は、藩士・岡倉勘右衛門に旅館と生糸の売り込み商を兼ねた石川屋という店を弁天通りに出させた。

生糸がどれほど利益をもたらすものであったか、この事実からもわかる。

この勘右衛門の息子が岡倉天心（覚三《かくぞう》）で、絹街道の繁栄は日本の美術界にも大きな影響をあたえたと考えることもできる。

徐々に衰退していった鑓水

鑓水や横浜の商人たちの顧客は「英一番館」（ジャーディン・マセソン商会）「米二番館」（ウォルシュ・ホール商会）をはじめとする外国商人たちで、彼らはほとんど無限と感じられるほど注文を出しつづけて生糸を買い、次々と海のかなたへ運んでいった。

かわりに金が、横浜から絹街道を伝って鑓水へ、鉄砲水のように流れこんだのである。

英一番館跡（横浜市中区山下町）

しかし、万延元年（一八六〇）から絹街道は衰退しはじめた。

井伊直弼が桜田門外で暗殺されたあと、幕府は経済と政権を安定させるために「五品江戸廻令」を出した。そのため、生糸と水油、蠟と呉服と雑穀は江戸で売買され、横浜で扱うことが禁じられたのである。

この法令のために鑓水は急速にさびれて、八王子周辺に二千六百六名いたといわれる生糸商人たちも没落していった。

鑓水から絹街道を伝って田端に出る。ほどなく八王子・町田線（町田街道）にぶつかるその一本手前の細い道を左に曲がると、それが絹街道で、常夜灯が大切に保存され、かつての栄華を物語る巨

大な代官屋敷の長屋門もいまだにどっしり構えている。長屋門の前には、ささやかながら桑畑が残っていた。

八王子・町田線と寄り添うように平行して流れる境川は武蔵と相模の境界線であり、現在もまた東京都と神奈川県の境界になっている。

絹街道はこの八王子・町田線に吸収され、常盤《ときわ》、根岸、木曽を経て、町田市の中心部に入ってゆく。

絹街道は、このあたりから宅地化や道路の整備の波に押されて消えていった、との資料にも書かれているのだが、正確には一部残っている。

根岸と木曽の間、特に木曽上宿には立派な欅《けやき》並木の残る旧町田街道・絹街道が現存している。生垣の多い、落ち着いた通りである。

町田の駅前を通過して原町田二丁目の交差点を左折すると、こんどは恩田川に沿う道路で川崎・町田線（成瀬街道）がはじまる。何の変哲もない道だが、田奈、西《にし》八朔《はっさく》町、青砥《あおと》と、ほぼＪＲ横浜線と平行している。

青砥から横浜までは、小机《こづくえ》経由の道もあるが、嘉永元年（一八四八）に江戸で発行された地図を見ると、梅ノ木・上星川《かみほしかわ》経由が絹街道であったと思われる。

嘉永元年発行というと、ペリー来航の五年前の地図であり、その地図には青砥の南の中山、上星川に結ばれた道が帷子《かたびら》川を渡るように描いてある。

この道が実際に絹街道だったと思わせる面影は現在なにもないのだが、周囲に重要な道は描かれてないことからも安政六年の開港以降はこの道を絹街道として利用していたと考えるのが自然であろう。

明治二十四年（一八九一）に絹街道が整備されると、絹街道を歩く人馬は急速に減り、さらに同四十一年に横浜鉄道（横浜線）が開通すると、絹街道の往来はほとんどなくなってしまった。

平成の現在、日本は世界最大の絹の輸入・消費国になった。

最盛期の昭和三十年から四十年代前半には五十万軒あった養蚕農家が、高齢化と後継者不足のためすさまじい勢いで減ってきている。

最近ではベトナム、カンボジア、ブラジルなど、発展途上国が外貨獲得のために生糸の生産に力を注いでいる。日本の歴史のひとこまとなった、かつての『女工哀史』の時代にあって、誰が想像したことであろう。

しかし、嘉永六年（一八五三）のペリー来航によって国を開いた日本は、貿易がどれほど大きな利益をあげるものか、自由主義経済の恩恵とはいかなるものかを教えられた。

そして、それから九十二年後の昭和二十年（一九四五）九月二日、大東亜戦争に敗れた日本は、連合国軍最高司令官ダグラス・マッカーサー元帥の前で無条件降伏文書に調印した。

東京湾に碇泊しているアメリカ戦艦ミズーリ号の、甲板上のことである。

そこには戦勝国アメリカの星条旗が飾られていた。

それはマッカーサーがこの日のためにわざわざ取り寄せた、ペリーがはじめて来日したときの旗艦サスケハナ号のマストにひるがえっていた、まさにその星条旗だった。

10　吉田松陰とペリー来航【浦賀・鎌倉】

松陰は瑞泉寺の裏山で何を見たのか

瑞泉寺と吉田松陰

吉田松陰《しょういん》（寅次郎）は文政十三年（一八三〇）長州の萩《はぎ》城下に杉百合之助《ゆりのすけ》の次男として生まれた。二十六石取りの下級武士の家柄で、五歳のとき百合之助の弟・吉田賢良《けんりょう》（大助）の養子となった。吉田家（五十七石余）は杉家の宗家で、代々山鹿《やまが》流・軍学の師範をつとめていた。

また、今一人の叔父・文之進《ぶんのしん》は玉木家を継いで松下村塾《しょうかそんじゅく》を開いた教育家で、のちに前原一誠《いっせい》の「萩の乱」に門下生が加わっていたことの責任をとって切腹した謹直《きんちょく》な人物であった。松陰はこの玉木文之進の影響を強く受けて育ったという。

松陰は幼少時から秀才で、十一歳のときに早くも藩主の前で『武教全書』の講義を行ない、十九歳のときには師範、つまり兵学家として自立した。

嘉永二年（一八四九）三月、藩庁から異族防禦に関する意見を求められると「理

松下村塾（山口県萩市）

なるものは、古今彼我《ひが》にわたりて変ぜざるものなり」とこたえ、西欧の兵学を受け入れるべきだといった。もはや山鹿流だけでは時代の要請にこたえられないことを理解していたのである。

そのあと松陰は長崎に留学し、つづいて江戸にのぼって佐久間象山についた。象山は当代最高の洋学者であり、松陰は洋学を学ぶとともに安積艮斎（儒学）、山鹿素水《そすい》（兵学）にもついて学識を深めた。

また、親友の肥後藩士・宮部鼎蔵《ていぞう》（のちに池田屋騒動で死亡）とともに東北を旅行した。ペリーが来航する前々年の嘉永四年（一八五一）のことである。

東北へ向かう途中の六月十三日、松陰は旅館に泊まる宮部と別れて鎌倉の瑞泉《ずいせん》

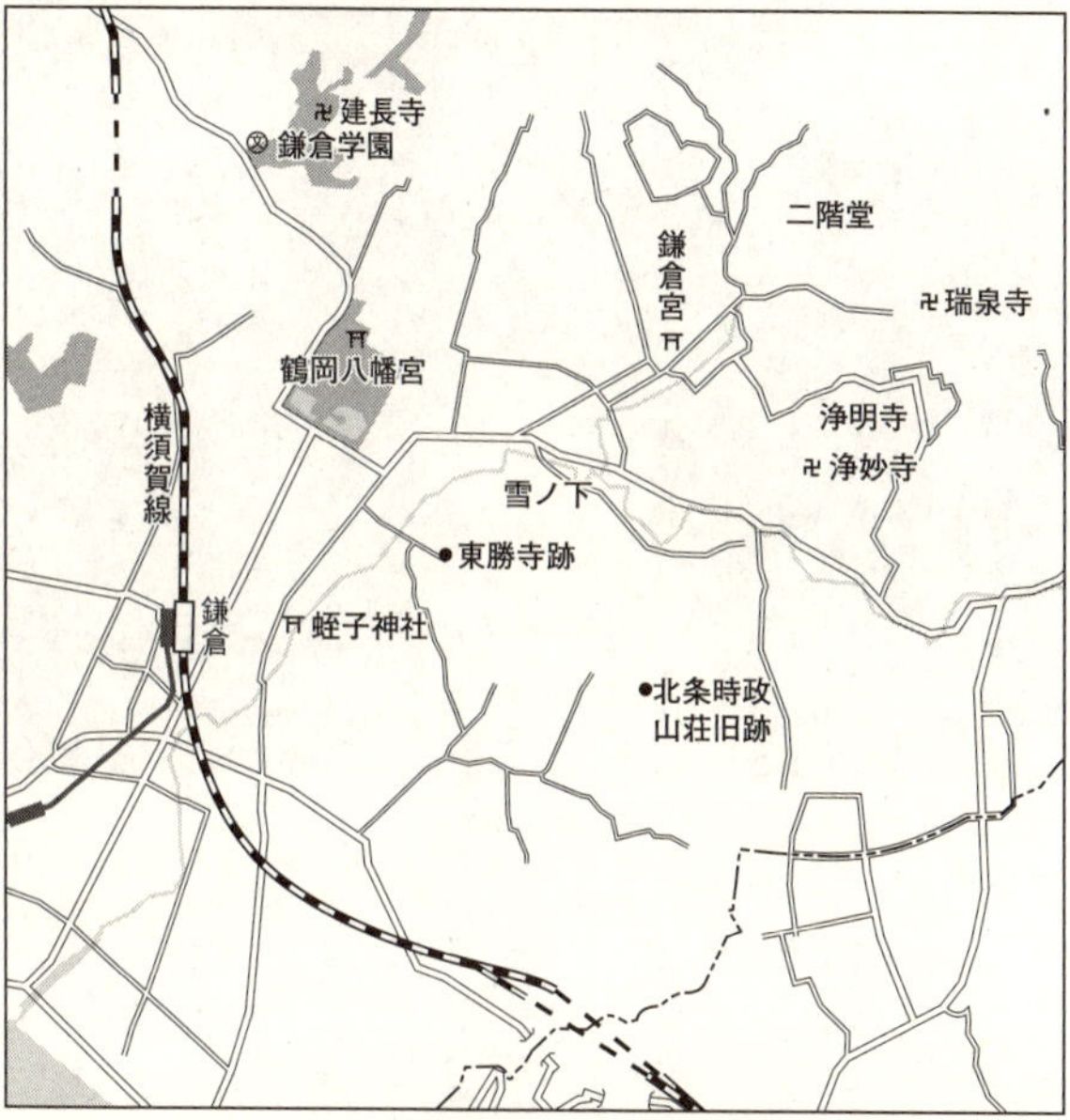

寺《じ》を訪れて一泊し、翌日たずねてきた宮部とともに相模と房総の海岸線を歩いた。

外国の艦船が来た場合を想定しながら状況を踏査《とうさ》したのである。

臨済宗・円覚寺《えんがくじ》派に属する瑞泉寺（鎌倉市二階堂）の当時の住職は竹院《ちくいん》和尚である。

そして、竹院の妹・瀧子《たきこ》は松陰の母である。

つまり松陰は伯父をたずねたということで、それも十年ぶりに会ったのだっ

瑞泉寺（鎌倉市）

た。

このとき松陰は二十二歳だから、竹院には十二歳の子供のころの記憶しかなかったことになる。甥がずいぶん立派に成長したと大いによろこんで郷里・萩の話がはずんだことだろう。

この再会に気を使って宮部は同行しないで一人旅館に泊まったのである。

松陰は翌々年の嘉永六年（一八五三）五月二十五日にも瑞泉寺を訪れた。

このときは藩籍のない浪人として「諸国遊学」の途中であった。

その日はちょうど竹院和尚が門前を掃《は》いているところに訪れたのだったが、松陰は母から託された土産《みやげ》の黍粉《きびこ》を持参していた。

「終夜談論倦《う》むを覚えず」ということに

なった。

はずんだ話の内容は天下国家についてで、竹院は「名聞利禄（名声や利益）を断って国につくすように」と語り、松陰もそのつもりだと決意を書いた長い詩を見せたという。

このあと松陰は江の島見物などをしながら五日間を瑞泉寺でのんびり過ごし、六月一日に江戸へ帰った。

そして、大事件が起こったのはその翌々日の六月三日のことである。

アメリカの東インド艦隊司令長官マシュー・C・ペリーが四隻の黒船をひきいて相州・浦賀沖に来航したのである。

これによって幕府をはじめ日本人は新しい時代の到来をようやく現実感をもって受けとめることになり、翌四日にこれを知った松陰はただちに浦賀へ向かった。

「心甚《はなは》だ急ぎ飛ぶが如し、飛ぶが如し」という気持ちだった。

海外渡航を計画した松陰

この嘉永六年を境に時代は大きく動きはじめた。

松陰は師匠の佐久間象山と相談して漂流密航策を考えた。

これは漂流民を装って海外に出て、勉強して帰って日本のために働く、という案である。

が、松陰はその実行に少し迷ったらしく、といって海外渡航は国禁であったから誰彼なく相談できることではないから、三度瑞泉寺の竹院和尚をたずねた。

松陰は竹院に海外渡航の決意を打ちあけて旅費を借りると、五日後の九月十八日には長崎へ向かった。折からロシアのプチャーチンが長崎の港へ軍艦を乗り入れて開港せよと交渉している最中だった。

松陰は九月二十七日に長崎に着いた。が、プチャーチンは出帆したあとで、やむなく萩、大坂経由で十二月の末に江戸までもどった。

明けて嘉永七年（一八五四）一月十六日、ペリーは前の年に予告した通り今度は七隻の黒船をひきいて相模湾に来航し、幕府はやむなく三月三日に日米和親条約を締結・調印した。

松陰はここで国禁を犯して海外渡航を実行に移した。弟子の金子重輔とともに松陰は大胆にも下田沖に碇泊している来艦ミシシッピ号に小舟で乗りつけたのである。

そのときの様子が『日本遠征随行記』に記されている。著者はサミュエル・ウェルズ・ウィリアムズ（Samuel Wells Williams）という。ペリーの通訳を担当した学

下田湾を寝姿山より眺めた風景

者でありプロテスタントの宣教師である。

「操舵下士官の助けを借りて彼らはタラップを登ったが、彼らが乗って来た小船は運悪く彼らが本船に移るときに離れて漂い去ってしまった。提督は彼らの用向きと上記の書翰《しょかん》についての報告を受けたが、条約の精神に違反して連れて行くことはできぬと断った。これは彼らをひどく失望させた。だが、私は便乗する機会もあるだろう他の船舶が追々ここへやって来るに違いないから、今回拒絶されたからといって、そう残念がることもない、といって聞かせた。彼らはボートで陸へ送り帰されることになり、できることなら彼らの小船を見つけようとすぐ風下に向かったが、それを探し出すには海

松陰拘禁（長命寺）跡（静岡県下田市）

面はあまりにも暗かった。彼らは予期していたよりはずっと平凡な顔つきであったが、明らかに教養のある人物で、二十三歳と二十五歳の青年――日本には扶養すべき両親も子供もない――であった。おそらく、みずから語った通りに、彼らは渡米を熱望している青年であったろう。しかし、われわれのある者は彼らを盗賊と断じ、ある者はいかに条約を履行するかを確かめようとして役人が放った密偵だとし、またある者は彼らを亡命者だと考えた。私には、流失した小船に残した刀やその他の持物が彼らを面倒な事件に巻き込むのではなかろうかと気がかりであった。果して、それが港の巡邏《じゅんら》船《せん》の一隻に発見されたのだ。

役人が問い質《ただ》しに来艦したが、もちろ

松陰が３回入った風呂（蓮台寺・上村行馬郎宅）

んわれわれは何も語らなかった。」（洞富雄訳）

松陰は外国を「周流《しゅうりゅう》して形勢を究《きわ》め」るために密航をくわだてたのだったが、しかし、これを拒まれて失敗したため同じ日に柿崎村の名主のもとに自首し、縛《ばく》につき、江戸に送られて四月十五日に伝馬町《でんまちょう》の牢に放り込まれ、九月十八日には「在所蟄居《ちっきょ》」の判決をうけて萩に送り返された。

以後「安政の大獄」で処刑されるまで、五年間にわたる幽閉生活を送ることになったのである。

だが、幽閉時代、叔父・文之進が中断していた松下村塾を再興し、松陰は多くの人材を掘り起こした。

高杉晋作、久坂玄瑞《くさかげんずい》、前原一誠、伊藤博文、品川弥二郎、木戸孝允《きどたかよし》（塾生ではなかった）、山県有朋《やまがたありとも》ら維新実現と日本の近代化の原動力となった人々である。

松下村塾では、上士も下士も差別されなかった。

米をつき、養蚕もしながら、誰もが心を開いた交わりのできる教育がなされた。

また、松陰自身も論理を超えた「狂夫」としての生き方を確立して『幽囚録《ゆうしゅうろく》』（海防軍事案）を書いた。

『幽囚録』は伏見に城を築いて幕府をそこに移すこと、京都を中心として東は伊勢・尾張、西は摂津・和泉、北は若狭・越前に軍艦を置き、国土を防衛しつつ、軍事的な統一国家をつくりあげることを提案し、さらにその力を基礎にして北はカムチャッカ、南はオーストラリア、ルソンに至るまでを領有せよと論じている。のちの明治新政府から昭和に至る富国強兵、植民地主義の祖型とでもいうべき案であった。

そして、良質の情報を多量に得ることができなかったからだと考えられるが、松陰は実際行動はできはしなかったものの、急速に過激な考え方を示すようになっていった。

過激になった松陰は、安政五年（一八五八）になると「今は死生も毀誉《きよ》もかかわらず、いっこうに皇国君家へ一身さしあげ申し候《そうろう》」というようになった。

松陰は最終的に「恐れながら天朝も幕府、わが藩も要らぬ。ただ六尺の微軀《びく》（松陰自身の肉体）が入用」といい「義卿《ぎけい》（松陰）が崛起《くっき》の人なり」といった。

いわゆる「草莽《そうもう》崛起」のことで、名もない草のような下級志士、農民、商人までもが協力して立ちあがって天皇のために働くことを夢想したのである。

このように自分を「無」にしてしまう思想を抱いた松陰は、この時期の思想家としてはたどりつける限界までたどりついた思想家であった。「狂夫」であるために具体的な実現の方法をもっていなかったとはいえ、その後の志士たちの進むべき進路を指さした画期的な人物であったといえるだろう。

そして、そのことは同時に幕府にとっては松陰が反体制の過激な危険人物であるということでもあった。したがって、徳川家の中枢にいる大老・井伊直弼もその補佐官であった国学者・長野主膳も松陰を見逃すことはできなかった。

安政六年（一八五九）五月、松陰は萩から唐丸駕籠《とうまるかご》で江戸へ送られることになった。

門下生たちは、雨のなかを遠ざかってゆく松陰を、頭をたれて泣きながら見送らなければならなかった。この時期、徳川幕府はまだ強大な存在でとても抵抗できる相手ではなかったのだ。

江戸に着いた松陰は、幕府の役人の取り調べを受けると肩をそびやかすようにして「私は幕府の弾圧に憤《いきどお》りを発して老中・間部詮勝を暗殺し、公卿・大原重徳《しげとみ》を長州に迎え、藩主に重徳を擁立させようと計画した」と、いわゆる「伏見要駕策《ようがさく》」をとうとうと述べた。松陰は、これはただの計画にすぎないから、刑も死刑や島流しではなく、重くても「他家預《たけあずかり》」ていどだと考えていた。

しかし、判決は死刑だった。松陰は三十歳で首を斬られて死んだ。

松陰は瑞泉寺で何を思い描いたのか

嘉暦《かりやく》二年（一三二七）に夢窓疎石《むそうそせき》が開いた瑞泉寺の本堂裏の庭は一見にあたい

瑞泉寺の岩の庭園

する。

これは疎石が京都の天龍寺や西芳寺《さいほうじ》（苔寺《こけでら》）の庭園をつくる前の先駆的な作品だといわれ、巨大な鎌倉石（凝灰岩《ぎょうかいがん》）の岩盤をくり抜いて洞《ほら》をつくり、池を掘った珍しい池泉《ちせん》庭園で、向かって右手にかつては山の上から水が流れ落ちていた滝の跡も見える。

現在は水を止めてあるが、鎌倉石は水の流れで侵蝕されてしまうためだ。

本堂の裏の山は天台山で庭はこの山の中腹を彫ってつくったことになるが、頂上には偏界一覧亭（現在は立入禁止）があって庭は前景になり、そこからは西の方角に富士が望見できるようになっている。

当然のことだが瑞泉寺に滞在したと

き、松陰は天台山に登って富士を見て日本という国について考え、みずからはなにをなすべきかを考えたことだろう。

そういう甥を見たり、語り合ったりした住職の竹院は、伯父としてこれでよいと思ったのだろうか。それとも、何事もなく平穏な人生を送ってもらいたいと思ったか。

いずれにしても松陰は海外渡航という重大な行為を決行するかしないかを決断するために瑞泉寺をたずねた。結局はこの瑞泉寺でみずからの生き方を決定したということである。

また、だからこそここを三回訪問して計七日くらいしか滞在しなかったのに、門前に「松陰吉田先生留跡碑」と彫られた碑が建てられたのだ。

余談ながら松陰は本堂裏の岩の庭は見ていない。

なぜかというと、当時はこの庭は土砂に埋もれてしまっていたからである。昭和四十五年（一九七〇）に発掘・復元されたので、それ以前は草木に覆われている山の一部にすぎなかった。

『宝島』を書いたイギリスのロバート・スティーブンソンが『人と作品研究』という著書のなかで松陰について書いている。

スティーブンソンの父トマスが、アメリカに留学した松陰の門人であった同級生の正木退蔵から聞いた話としてこう述べている。

「松陰は衣類もみすぼらしかった。食事とか手洗いのときは手を着物の袖でふく。頭髪は二か月に一度結うのが関の山。口調ははげしくて毒舌だが、しぐさはやさしく、その講義はとかく生徒の頭ごしになり、彼らを呆然とさせ、ときにはそれ以上に笑わせた。学問への情熱のため寸暇《すんか》を惜しんだ。書見中、睡気を催せば、夏ならば袖をまくって蚊をとまらせ、冬ならば履物をぬいで雪の上を裸足《はだし》で走る」（田坂長次郎訳）

松陰は純粋で清潔で一途に国を思う青年として生き、そのまま死んでいった。そのような生き方も死に方もできない門人にも、関係のない現代人にも慕われつづけているのは、松陰の無私な生き方が男として爽快ないさぎよさを感じさせるからであろう。信ずるなにものかのために、みずからをためらいなくexpendable（使い捨て）にしてしまうという崇高な生き方を日本人の男は忘れてしまった。

第三章　湘南（藤沢・平塚・大磯）

11 源義経の生涯【藤沢・鎌倉】

首だけになっても鎌倉入りを許されなかった義経

兄・頼朝と弟・義経、再びの出会い

富士山の南の裾野の工業地帯に富士市があり、富士市の市街部中心に東海道五十三次のひとつである吉原宿《よしわらしゆく》があった。富士川が暴れ川であったことや津波の害によって天和《てんな》二年（一六八二）ごろに宿場の位置が定まったといわれる。

ＪＲ東海道線・吉原駅の北を通過している旧東海道を北西に向かい、新幹線の下をくぐって道なりに進むと右側に「平家塚」の碑がある。かつては和田川のほとりであり、このあたりから西に富士沼がひろがっていた。埋めたてられていまでは工場地帯になって昔の面影はないが、富士川のほとりまでつづく東西三里（十二キロ）以上もある巨大な沼沢地《しようたくち》がひろがっていたのである。

そして、ここに棲息していたおびただしい水鳥が日本史上に意外な大事件を引き起こした。

源義経と弁慶（鎌倉市腰越・満福寺襖絵）

治承《じしょう》四年（一一八〇）八月十七日、伊豆・蛭ヶ小島《ひるがこじま》（静岡県伊豆の国市）に流されていた源頼朝《みなもとのよりとも》は、北条一族の助けを得て伊豆目代《もくだい》であった山木判官《ほうがん》・平兼隆《たいらのかねたか》を討った。

つづく「石橋山の合戦」に敗れて九死に一生を得た頼朝は、十月二十日、吉原宿の西方の浮島ヶ原《うきしまがはら》に陣を構えた。

いったんは房総に逃げたが、力をためながら鎌倉を本拠地として西に進出しようとしていたのである。

「さる程に、兵衛佐《ひょうえのすけ》頼朝、鎌倉を立って足柄の山打ち越えて、駿河《するが》の国黄瀬《きせ》川にこそ着き給へ。甲斐・信濃の源氏共馳《は》せ来たってひとつになる。浮嶋が原にて勢揃《せいぞろい》あり、其の勢廿万《にじゅうまん》騎《き》とぞ記しける」（『平家物語』以下同じ）

「廿万騎」ではなく、多くても二千から三千騎くらいだったのではないか。

これに対して平維盛《これもり》・忠度《ただのり》を将とする七万強の平家軍は、富士川に布陣した。実際は四百強しかいなかったといわれる。これが有名な「富士川の合戦」の双方の戦力である。

「廿三日の夜に入って、平家の兵共、源氏の陣を見渡せば、駿河の人民百姓等が戦に恐れて、或《あるい》は野に入り山にかくれ、或は舟にとり乗って、海河に浮かび、営みの火の見えけるを、平家の兵共、『げにも野の山も海も河も皆武者でありけり。いかがせん』とぞあはてける。其の夜の夜中ばかりに、富士の沼にいくらもありける水鳥共が何にかは驚きたりけん、一度にぱっと立ちける羽音の雷、大風なんどの様に聞こえければ、平家の兵共『あはや、源氏の大勢の向かふたるは（中略）取り籠められては叶うまじ。爰《ここ》を落ちて、尾張河《おわりがわ》、洲俣《すのまた》をふせけや《防げや》』とて取る物も取り敢えず、われ先にとぞ落ち行きける」

平家の軍勢は水鳥の羽音を源氏の攻撃だと勘違いし、戦わずして蜘蛛《くも》の子を散らすように一挙に潰走《かいそう》したのである。

頼朝は水鳥に助けられたこの不戦勝で一気に平家打倒の勢いをつけた。

戦うことなく勝利した頼朝は、黄瀬川の宿にひとまず軍を返した。

三島市と沼津市の境界になっている黄瀬川は富士の東をＪＲ御殿場《ごてんば》線に沿うよう

にして流れて狩野《かの》川に合流し、駿河湾に入る。

頼朝はこの黄瀬川の東にある長沢八幡宮に本営を置いた。

一方、奥州・平泉《ひらいずみ》（岩手県）で一大勢力を誇っていた藤原秀衡《ふじわらのひでひら》のもとに身をよせていた義経《よしつね》は、兄・頼朝の挙兵を知ると、制止する秀衡を振り払うようにしてこ黄瀬川まで駆けつけた。

そして「齢《よわい》二十余、色白く、せい小さき男の、面魂《つらだましい》、眼ざしすぎて見えける」（『源平盛衰記』）。

義経は「鎌倉殿の見参に」といった。頼朝公にお会いしたい、ということだ。

二十歳ちょっとくらいの、色の白い小男が大将に会いたい、といっても、武将たちが取りつぐはずもなかった。

顔には強い意思が見え、目には力強さがこもっていたけれども、義経は出っ歯だったともいわれるから、あまり立派な印象をあたえる顔立ちではなかったのかもしれない。

押し問答になり、やがて頼朝自身も騒ぎに気がついてようやく面会することになった。

顔を合わせ、膝つきあわせて話をしてみると、母親はちがっていても血のつながった兄と弟のことだから、それまでの苦労を思いあって二人とも涙を流し、まわりにいた者ももらい泣きした。このときは兄の心にも弟の心にも嘘いつわりはなかった、と思われる。

兄弟は互いに協力し、平家討伐に意欲を燃やして平家を追討するために全力を尽くした。

ところが、兄と弟の間に亀裂が入るまでには、数年しかかからなかった。

この話は政治の非情と人の心の変わりやすさはどうにもならないことを教えてくれる。

満福寺に入った源義経

遊行寺《ゆぎょうじ》の山の下の藤沢橋から江の島へ向かう国道を南に向かって龍口寺《りゅうこうじ》門前の三叉路を通り過ぎると、江ノ電が路面を通る腰越《こしごえ》の商店街があって、その先の道の突き当たりが小動岬《こゆるぎみさき》のつけ根の海岸である。鎌倉から見れば七里ヶ浜の西の端にあたる。

そして、腰越の商店街の東側の、小さな山の中腹に満福寺《まんぷくじ》がある。

義経がこの腰越の満福寺に入ったのは文治《ぶんじ》元年（一一八五）五月のことであった。

富士の裾野の黄瀬川のほとりで兄弟がはじめて出会ってから、まだ五年を経てい

境川河口（藤沢市）。橋の向こうは江の島

ない。

　壇ノ浦の合戦に大勝した義経は、頼朝の命令で捕虜にした平宗盛《むねもり》父子を護送して東へ下り、五月七日、酒匂《さかわ》（小田原市）に到着したとき、前もって使者を立てて翌日は鎌倉入りすると連絡をとった。

　ところが頼朝の返事は鎌倉には来なくていいということで、平宗盛父子の身柄は北条時政《ときまさ》が酒匂まで受け取りに来た。

　義経に宗盛父子を護送してくるようにと命じておきながら、鎌倉には入るなという頼朝という男はなんて陰湿だろうと感じるのはこのためなのだが、そのあと義経は不審の思いと不満を胸にしながらとにかく酒匂から腰越まで進んで、満福寺に宿営したのである。

満福寺（鎌倉市腰越）

五月二十四日、義経は大江広元《おおえひろもと》に宛てて腰越状（弁明書）を送った。

私、左衛門尉《さえもんのじょう》義経はつつしんで申し上げます。私は頼朝の代官として懸命に戦って平家を討伐し、先祖の恥をそそぎ、武勇を世に示しました。これは褒《ほ》められてしかるべきなのに、讒言《ざんげん》によって叱られる立場におとしいれられたことは、残念でなりません。

さまざまな苦労を重ねて危険な戦争を必死に勝ち抜いてきて朝廷から五位尉《ごいのじょう》に任じられましたが、これはわが源家の大きな名誉です。私にはまったく野心はありません。

それなのに兄・頼朝が会ってくれないのはたいへんつらいことです。

「骨肉同胞の儀すでに空しきに似たり

（もはや兄弟とはいえなくなってしまったのでしょうか）」「しかりといへども今愁へ深く歎き切なり」という内容の手紙である。

広元になんとか兄・頼朝との仲をとりなしてくれないでしょうか、と泣きついたのだ。

「憑《たの》むところは他にあらず、ひとえに貴殿（広元）の広大な御慈悲を仰ぐ」という。

しかし、大江広元は義経から送られてきた腰越状を握りつぶしてしまった。この問題にかかわりたくない、と考えたからである。

広元は鎌倉幕府きっての頭脳明晰な知識人であった。知識人であるということはそのまま姑息《こそく》で卑怯な生き方をする術《すべ》を知っていることでもあり、いちはやく義経の政治生命が失われてしまったことを見抜いていたから素知らぬ顔をしたのである。

いまでは家が建てこんで満福寺の本堂から海は見えないけれども、義経がここにいたときは眼界いっぱいにひろがる海が、あるときは陽の光に輝き、あるときは雨に降り込められて鉛色の鈍い光を放つのが見えたことだろう。

海は風が吹くと白い牙のような波頭を見せもしたろうし、油凪《あぶらなぎ》に凪《な》ぎもしただろう。そのように変化する海を、待てど暮らせど来ない返事が来ることを渇望しながら義経は暗い気持ちで見つめつづけた。

義経に落ち度がなかったわけではない。

義経は頼朝の許可なく五位尉の位を受けた。本来ならば、鎌倉幕府を代表する頼朝が朝廷に推挙してはじめてあたえられる。朝廷の位階とはそういう手続きを必要とする。

しかし、義経は直接もらってしまった。

ということの背後には、狡知《こうち》に長《た》けた後白河法皇《ごしらかわほうおう》の策謀があった。後白河は源一族の分裂を画策したのだ。分裂させてみずからの支配力を強化しようとした、いわゆる分割統治しようとしたということである。いいかえれば、義経は後白河と頼朝の権力闘争の犠牲の子羊であったといえるだろう。そして、義経には、このことが見えていなかった。

ともあれ、頼朝の勘気《かんき》がとけないことを見極めた義経は、やむなく京へもどった。後白河のねらい通りになったわけだが、このときの義経にとっては、それが最良の選択であった。

そのあと、義経は軍勢一万五千と十一人の愛妾《あいしょう》を引きつれて西に向かったという。

摂津・大物浦《だいもつのうら》（兵庫県尼崎市《あまがさき》）から船に分乗して九州へ向かったのである。

が、海が時化《しけ》て軍勢はちりぢりになり、義経はごく少数の家来と逃亡生活に入った。

十津川《とつかわ》、比叡山《ひえいざん》、奈良・興福寺《こうふくじ》、子供のころに預けられた鞍馬寺《くらまでら》、仁和寺《にんなじ》と僧兵が多くしっかりと武装していて誰も手が出せない大寺院を転々としていたらしい。らしい、というのは、実は京を出てからの義経の正確な動きはわからないからである。

やがて義経と別れた愛妾・静御前《しずかごぜん》は吉野で捕まり、親しい関係にあった叔父・行家《ゆきいえ》は和泉の潜伏先で殺されてしまった。

鎌倉入りを許されなかった義経の首

このように、義経とその一派が各地を逃げ回ったり隠れたりすればするほど、頼朝には好都合だった。

義経たちを日本各地に追い回すことが、同時に朝廷の頼朝の総追捕使《そうついぶし》（軍事警察）としての権限と地方官吏の任免権、兵糧米《ひょうろうまい》の徴収を行なう総地頭の地位にあることを強調し、認知させることになったからだ。

頼朝にとってさらに有難かったことは、義経が山伏《やまぶし》姿に身をやつして最終的に奥州・平泉の藤原氏のもとに逃げ込んだことであった。

奥州はまだ鎌倉幕府の支配下に入っていなかった。藤原氏は「奥州の王」として東北に強大な権勢を誇っていた。その十七万の騎馬武者をはじめとする軍兵は精強だと思われていたし、黄金の保有高も朝廷と鎌倉幕府ははるかに及ばなかった。実質的に東北はひとつの独立国であったと考えてもいい繁栄をみせていたのである。

その独立国を攻撃する大義名分を頼朝は手に入れたのだ。

藤原氏の当主・秀衡は義経を衣川《ころもがわ》の高館《たかだち》に入れて厚遇した。が、まもなく秀衡が病没すると、嫡子《ちゃくし》の泰衡《やすひら》は衣川を急襲した。

泰衡には合戦の天才である義経を利用して、あるいは義経と同盟して頼朝と戦おうという気概も知恵もなかった。頼朝とことを構える勇気もなかったから、みずから義経を始末し、泰衡自身もまもなく叩きつぶされてしまうことになったのである。

こうして文治五年（一一八九）閏《うるう》四月三十日、奥州・衣川の高館で義経は自刃《じじん》し、三十一歳の人生を終えた。

義経の首は美酒の入った黒漆《くろうるし》塗りの櫃《ひつ》に入れられて再び腰越まで運ばれてきた。六月十三日に腰越に到着した和田義盛と梶原景時《かげとき》が検分し、検分が終わると境川に投げ捨てられたという。首だけになってもなお、義経は鎌倉に入ることを許されなかったのである。

伝説では、境川に捨てられた義経の首を黄金色の亀が甲羅に乗せて上流に向かうのを村人が見つけて丁寧に洗ったという。あるいは河口から潮が逆流して上流に押し流したものを拾ったともいう。

首を洗った場所は本町公園（藤沢市藤沢）の「義経首洗井戸」であり、村人はこの井戸の北の、藤沢バイパスの南側に隣接する亀形山（藤沢市藤沢）にねんごろに葬った。

頼朝は藤原清親《きよちか》に命じてこの亀形山に社を建てさせ

源義経公首洗井戸（藤沢市藤沢）

た。これが白旗《しらはた》神社である。

義経は蝦夷や中国で生きていた

いや、実はそうではなかった、という説がある。

義経は衣川の高館から逃亡した。

水戸光圀《みつくに》の『大日本史』には次のように書かれている。

「世に伝ふ義経は衣川の館に死せず、逃れて蝦夷《えぞ》に至ると。所謂《いわゆる》義経の死したる日と、頼朝の使者其首を検視したる日と、其間相距《そのかんあいへだた》ること四十三日、且《か》つ天時暑熱の候なるを以って譬《たと》え醇酒《じゅんしゅ》に浸し又之を函にすと雖《いえど》も、此大暑中、焉《いずくん》んぞ腐敗せざらんや、又た孰《いずれ》か能《よ》く其の真偽を弁別せんや」

義経は北海道へ逃げた。義経の焼け首

は酒にひたしてあったというが、火傷を負い、死後四十三日も暑い季節（新暦の六月後半から七月の前半にかけて）を過ごして腐ってしまって、誰の首がわからない状態になっていたではないか、と。

義経は平泉から三陸海岸を北へ向かって八戸《はちのへ》に出て津軽半島へ逃げた。遠回りの経路だが、追捕から逃れるための作戦であった。

この逃亡経路の各地に義経伝説がたくさん伝えられている。

義経は津軽・三厩《みんまや》の義経寺《ぎけいじ》という寺がある場所まで行き、そこから蝦夷へ渡った。

そして、蝦夷から大陸へ渡ったのである。そうではなくて義経の目的地は日本でも有数の巨大な交易港湾都市であったといわれる十三湊《とさみなと》だったともいう。

十三湊には十四世紀に大津波によって一瞬のうちに消滅したといわれる安東氏《あんどううじ》がいた。

安東氏は前九年の役で源氏にほろぼされた安倍貞任《あべのさだとう》の子・高星丸《たかあきまる》（のちに安東太郎）を祖とするといわれ、水軍を中核として大陸の沿海州、朝鮮、中国大陸と交易して大いに繁栄していた。

この安東氏に嫡男が絶えてしまったため、先の藤原秀衡の弟・秀栄《ひでひさ》が養子か婿として入ったといわれ、義経一行は温かい待遇をうけた。

そして、義経は十三湊から中国大陸へ渡ったともいう。

幕末に来日したフィリップ・フランツ・フォン・シーボルトは「シーボルト事件」を起こしたスパイであったが、その前に大学者だったから水戸光圀の『大日本史』を読んでか浩瀚《こうかん》な『日本』の第一篇「日本の地理とその発見史」のなかに「十五世紀の中ごろまで、日本人は蝦夷という島について詳しく知らなかったらしい。／もっとも一一八九年に平家と源氏両家の継承戦争で有名な将軍の義経が、かの地へ脱出し、その東岸にあったアイヌ民族にはじめて文化の種を広めたということがある」（石山禎一ほか訳）と述べている。

シーボルトはさらに新井白石が『蝦夷志』に義経が韃靼《だったん》（蒙古民族全体の呼称）の地に行ったという「一奇説」を真説として採用している。

また『大日本史』『蝦夷志』そして『日本』の次に末松謙澄《けんちょう》という人物が出てくる。

末松はケンブリッジ大学に留学して明治十三年（一八八〇）「征服者成吉思汗《ジンギスカン》は日本の英雄義経と同一人物也」（The identity of the Great Conqueror or Genghis Khan with the Japanese Hero Yoshitsune）という卒業論文を書き、内田弥八という人が翻訳して『義経再興記』として出版されて話題になったという。

その次が、大正十三年（一九二四）、最も有名な小谷部全一郎《おやべぜんいちろう》の『成吉思汗ハ源義経也』という本の刊行であった。小谷部はエール大学に留学して哲学を学び、帰国後は北海道に住んでアイヌとともに生活してその研究を行なった。

日本が大陸への領土拡大の野心をふくらませた時代、陸軍通訳官・小谷部はシベリアへ赴き、ある調査にあたった。それはジンギスカンが義経である証拠を探すものであった。果たしてそれは真実であったのだろうか。

小谷部は、大正八年（一九一九）、陸軍通訳官としてシベリアへ行き、そのときに義経に関係のある遺跡を調査した。

樺太《からふと》、シベリア、蒙古と地球の四分の一くらいに相当する広大な地域であったにもかかわらず、小谷部は苦労を重ねて踏査《とうさ》し、その結果を『成吉思汗ハ源義経也』という三百ページ余の本にまとめたのである。

義経がジンギスカンであることを証明するために小谷部はジンギスカンがニロンという一族の出身であり、ニロンとは日本のことであるという。姓はゲン、名はクロー。源九郎義経のゲンクローと同じである。ジンギスカンは源義経を音読みしたゲンギケイがなまってゲンギスやチンギスになった。また、兵士はジンギスカンをタイシャア（大将？）と呼んだ。

家来のシウビ、シイベは鷲尾三郎ではないか。鷲尾は日本語ではワシオと読むが、音読みすればたしかにシュウビである。このように同類共通音から小谷部は義経がジンギスカンであることを証明しようとしたり、イメージからもアプローチしている。

最も象徴的なことは、ジンギスカンの紋章が源氏の笹竜胆《ささりんどう》とそっくりであることだ。これはほんとうによく似ている。それに旗の色はジンギスカンも源氏もともに純白である、という具合だ。

たしかに、迅速果敢な騎馬軍団の用兵法、団体戦を展開する戦い方もジンギスカンと義経はよく似ている。

またジンギスカンはマホメット、モーゼ、キリスト、マンブラカンの四つの神を信じていた。ジンギスカンは「吾は此の四神を敬拝し其加護を祈る。如何となれば此の中には必ず在天の真神あればなり」といったという。

ジンギスカンが神仏を問わずなんでもおがめばいいという考え方をしていたということは、いかにも汎神論であり、日本人的ではないかということだ。

このころのモンゴル帝国にはホトケとかフトキと呼ばれる仏教もあって、これは日本のホトケ(=仏)のことではないか。

義経と同様ジンギスカンも女が好きで、妻妾は五百人にのぼった。

さらにジンギスカンは米を好み、緑茶を好み、将兵は日本風の兜《かぶと》をかぶり、日の丸をつけた烏帽子《えぼし》のようなかぶりものをつけて正月元旦を祝った。

ジンギスカンはモンゴル出身ではなく、モンゴル文字を読むことができなかったが、漢字を読むことができたなどなど。

もちろん金田一京助、三宅雪嶺《みやけせつれい》など有名な学者がこの説を否定したことはいうまでもない。たしかにこれは小谷部の思い込みというか発想の歪みというか、マチガイである。

それに小谷部がこの本を書いた時代は日本が中国大陸へ領土をひろげようという野心を示しはじめていたから、ジンギスカンは実は英雄・義経であったと証明することは日本人の欲望の痒《かゆ》いところにとどいて快く媚《こ》びる要素があった。優秀な人物であったかもしれないが、小谷部には曲学阿世《きょくがくあせい》の側面があったことは否めないように感じられる。

源義経とジンギスカンの相似点とは

前述のように、文治五年（一一八九）閏四月三十日、義経は奥州・衣川の高館で自刃したが、ジンギスカンはその十七年後の一二〇六年に王の座に就いた。

彼が義経ならば、四十八歳である。

「チンギスは非凡の才を備えた知勇兼備の士であった」

「チンギス・カーンはこれら部衆に弓箭《きゅうせん》そのほかの常用武器を授け、諸国討伐に乗り出した。そして偽りのないところ、またたく間に八国ばかりを征服してしまった」

「しかしこれら諸国を平定しても、彼らを殺戮《さつりく》したり略奪することなく、ただこれを率いて引き続き征伐に従軍せしめただけであった」

「被征服民たちは彼のりっぱな統治と善良な君主ぶりに感じ、喜んで彼に従い征伐に従軍した」

ジンギスカンにこのように賛辞を呈しているのはマルコ・ポーロの『東方見聞録』(愛宕《おたぎ》松男訳)である。

マルコは好奇心旺盛で取材能力もたいへんに秀れていたけれども、しかし、海の向こうの日本という島国から大陸に渡ってきて多くの群雄をおさえて王の地位に昇りつめた人物がジンギスカンだとは書いていない。

ベニスの商人であったマルコは一二七一年に父ニコロ、叔父マテオとともにベニスを出発し、三年半の歳月をかけて一二七四年に元《げん》の国の上都《じょうと》のフビライの宮廷にたどりついた。

以後十七年間もの長きにわたってマルコは元朝に仕えて一二九五年にベニスに帰った。二十五年間の旅ののちにベニスに帰着したのである。この元朝に仕えていた十七年の間にジンギスカンが日本人であったか否かがマルコにわからないはずがない。また、それを知っていたら必ず書いただろう。

中央アジア全域で群雄割拠していた精強な騎馬民族を統合し、世界最大の大モンゴル帝国を築いて全世界を制覇しようとしていたジンギスカンは、安貞《あんてい》元年（一二二七）七月、六十六歳で亡くなった。

義経は平治《へいじ》元年（一一五九）生まれでジンギスカン死亡時まで生きのびていれば六十八歳であり、この年齢も不自然ではない。

不自然な年齢ではないけれども、ジンギスカンと義経は同一人物ではない。残念ながら小谷部の想像は妄想であり、壮大な空想、絵空事である。

したがって、義経には湘南へもどってもらわなくてはならない。

奥州・衣川の高館で自刃した義経の焼け首は酒漬けにされて腰越まで運ばれ、このときすでに腐って誰の首か見分けのつかない状態になっていた。顔の見分けがつかないところから「義経は生きていた」という仮想が発生してくるのである。

ともあれその首はまともに埋葬するのもはばかられるから境川の河口に捨て、これをあわれんだ誰かが本町の共同井戸で洗って亀形山に葬った。

このことを知った頼朝が白旗神社を建てさせた、と考えるのが最も自然ではない

白旗神社（藤沢市藤沢）

か。

だが、小谷部という学者を誰も笑ったり批難したりすることはできない。多かれ少なかれ、私たちはなににについても「かくあれかし」と願いながら生きている。なにとぞこうあってほしい、と希望をつなぐ気持ちであり「かくあれかし」と願わなければ、私たちは生きることができないからである。

簡単な話が、存在するはずもない素晴らしい異性が恋人だったらと夢想したことのない人間はいないだろう。「かくあれかし」とはつまり夢のことで、人は幻想のなかに生きているということだ。

そのために人は推理し、歪曲し、憶測し、空想し、仮説をたて、我田引水《がでんいんすい》し、誤認し、妄想し、虚構を組み立て、牽《けん》強付会《きょうふかい》し、白を黒、黒を白ということさえある。論理も証拠も無関係に想像力をほしいままに展開させる。

義経が蒼き狼に変身したという話は、人間とは冷徹な現実の前では「かくあれかし」と願わずにはいられない存在になるということを思い知らせてくれるのである。というより、人間の存在そのものが一場《いちじょう》の夢であり、幻影にすぎないということを教えてくれるというべきか。

12 家康と藤沢と影武者【藤沢・平塚】

家康の影武者・矢惣次とはいったい何者なのか

かつて藤沢に家康の御殿があった

家康は藤沢に御殿をつくった。

その御殿は現在の藤沢公民館（藤沢市藤沢）のあたりから妙善寺《みようぜんじ》（日蓮宗）のあたりにかけての地域にあった。市民病院の東南に位置する。

本町の旅籠《はたご》や商家が建ちならぶ表通りである旧東海道から御殿通《ごてんどおり》と呼ばれていた道を入ったすぐ北側一帯にあたり、まず交通の便がよい場所である。

いまでは御殿のあった場所はすでに宅地化され、路地で区切られて当時の面影は残されていないが、その規模は百六間（約百九十一メートル）×六十二間（約百十二メートル）あった。六千五百七十二坪（約二万千六百九十平方メートル）である。

この土地を四角に取り囲む外側と内側の土手の高さは二間（約三・六メートル）、この外・内の土手の間は深く掘りさげられて幅六間（約十一メートル）、深さ二間半

境川の御殿橋（藤沢市）。川の向こうが御殿

（約四・五メートル）の水をたたえた堀になっていた。土手の厚さは外側上部が二間（約三・六メートル）、内側上部が三間（約五・四メートル）と分厚い。

御殿とはいうもののこぢんまりした要塞で、砦《とりで》として充分戦《いくさ》がやれるつくりである。

南側の門（表門）と東側の門（裏門）があった。南の表門には番所が設けられ、その脇には馬屋《うまや》があった。裏門の東側には藤沢川（境川）が流れ、北側は田《たん》圃《ぼ》になっていた。

川は外堀、田圃は軍馬が疾駆できない沼地と変わらないから規模は小さくても攻めるに難しい砦であったと考えられる。

土手に囲まれた御殿の屋敷内には東西

藤沢公民館（藤沢御殿跡）

十六間（約二十九メートル）×南北二十間（約三十六メートル強）の竹藪があって、ここに家康の泊まる建物があった。

南の表門脇に馬屋があったと述べたが、さらにその南側には陣屋が設けられていた。

陣屋は「大久保陣屋」と呼ばれる代官陣屋で、いわゆる幕府直轄支配を担当した。

陣屋には家康に直結していたきわめて優秀な伊奈《いな》忠次《ただつぐ》、大久保長安《ながやす》、彦坂元《もと》正《まさ》、長谷川長綱ら代官頭《だいかんがしら》の下の手代《てだい》とか手付《てつき》と呼ばれる役人が駐在していて大久保陣屋を支配した初代は彦坂元正であった。

元正は、もとは今川義元《いまがわよしもと》に仕えていた彦坂光景の嫡男で、天正《てんしょう》十一年（一五八三）には三河、遠江《とおとうみ》（静岡県西部）、甲斐、信濃の総検地を行ない、江戸町奉行を経て関ヶ原の合戦では小荷駄《こにだ》奉行をつとめた。

石田三成《いしだみつなり》の佐和山《さわやま》城受取り、石見銀山《いわみぎんざん》を接収し、大久保長安とともに街道や一里塚の整備にあたった。武闘派というより民政家肌の武将で、のちに彦坂家は公金横領で改易《かいえき》されてしまう（本当の理由は原因不明）が、とりあえず藤沢の町はこの人物のもとに宿場としての体裁を整備拡充していったということだ。

家康は大坂の陣のあとに殺されていた

そして、元和《げんな》元年（一六一五）、淀君《よどぎみ》と豊臣秀頼《ひでより》が死んだ大坂・夏の陣のとき。家康は大坂で平岡の陣屋から茶臼山《ちゃうすやま》の陣へ移動しようとした。

しかし、この動きは大坂方の名将・真田幸村《さなだゆきむら》に察知されていた。幸村は三百数十騎の精鋭を選んで特攻奇襲部隊を編成し、亀井村の森にひそんで家康を待ち伏せた。

幸村が天王寺口《てんのうじぐち》を守っているとばかり思っていた家康は、安心して茶臼山へ向かったのだったが、亀井村にさしかかると突如幸村の軍が襲いかかった。

幸村軍は大久保彦左衛門や本多忠朝《ただとも》、松倉重正など強豪を突き崩して錐揉《きりも》み状に進撃し、家康の軍勢を突き崩し、幸村は単騎駆《たんきが》けで家康に迫った。

彦左衛門だけが家康の身辺について離れなかったのだが、とても防ぎきれなかった。

家康は駕籠《かご》に乗って逃げた。

逃げたが、槍に突かれて死んだ。幸村か、その配下にやられたか。

あるいはこれもまた名将の後藤又兵衛《またべえ》にやられて最後をとげた、という。

逃げる途中、葬式の行列に出会ったので、家康はその棺桶のなかにもぐりこんだ。死人のふりをしたわけだが、和泉《いずみ》の半田寺山まで逃げたとき、紀伊から大坂へもどろうとしていた後藤又兵衛の手勢と出くわした。

どうも怪しいと感じた又兵衛は、棺桶を槍で串刺しにした。

突かれた家康は苦痛に耐えつつ声を咬み殺して、自分の血がついた槍の穂先を袖で拭った。

それで棺桶のなかには本物の死人が入っているのだな、と考えた又兵衛は、そのまま立ち去ったという説だ。

棺桶は急いで堺の南宗寺《なんしゅうじ》（堺市堺区）へ運び込まれた。

南宗寺は沢庵《たくあん》和尚が再興し、千利休《せんのりきゅう》もその師の武野紹鷗《たけのじょうおう》もこの寺で修行したといわれる臨済宗・大徳寺派の名刹《めいさつ》である。この南宗寺における介抱もままならず、家康は息を引きとった。

南宗寺の家康の墓（大阪府堺市）

家康の影武者・矢惣次の活躍

家康の遺骸はこの南宗寺・開山堂の縁の下に埋められ、大坂・夏の陣が終わったあと久能山《くのうざん》東照宮（静岡県）に改葬された。

が、政治的には家康は誰の目の前にも存在しなければならない。

そこで河内国《かわちのくに》吉田村の百姓・矢惣次《やそうじ》なる六十六歳の人物が影武者をつとめることになった。家康の側近の榊原康勝が見つけ出したのである。家康は七十四歳になっていたが、この矢惣次が余りにもよく似ていることにみな驚いたという。

家康は死ぬ前日は茶色の羽織に帷子《かたびら》を着、笠をかぶっていたが、矢惣次も同様の恰好をさせられて、これを見た息子の秀忠も仰天したといわれる。

矢惣次を訓練したのは天海僧正《てんかいそうじょう》で、たくみに人々を欺きつづけたものの、いつか発覚することをおそれて翌年には田中城（静岡県藤枝市）で毒の入った鯛のてんぷらを食べさせて殺してしまったという（『史疑徳川家康事蹟』村岡素一郎）。

慶長《けいちょう》五年（一六〇〇）六月二十六日、家康は藤沢御殿に宿泊して鎌倉見物をした。二度目は関ヶ原の合戦の直前にこの御殿に宿泊した。天下人になる少し前のことだ。

ちなみに家康は、平塚にも同様の御殿を建設した。現在の中原小学校（平塚市御殿二丁目）の場所である。

そのあと家康は慶長八年十一月、十一年三月に、同年十一月に、十八年九月、十九年一月も鷹狩り、元和元年十月とたびたび藤沢御殿を利用している。

元和元年（一六一五）十月八日にも家康は藤沢御殿に泊まって鷹狩りをやっている。これは、ニセ者、影武者が来たのだろうか？それともただのつくり話だろうか？

藤沢公民館の周辺を歩きまわって影武者、ニセの家康について考えるのも想像が広がって楽しい。

13 松本良順と大磯別荘群【大磯】

大磯を海水浴場として有名にした軍医の宣伝術

湘南を有名にした松本良順

夏は太陽と青い空と海の季節だ。

夏は湘南の季節である。

実は夏と湘南と太陽と海を結びつけたのは松本良順《りょうじゅん》という人物である。

松本良順は天保《てんぽう》三年（一八三二）六月十六日、佐倉藩医・佐藤泰然《たいぜん》の次男として江戸・麻布我善坊《がぜんぼう》に生まれた。

幼名を順之助、のちに良順、さらに順と改名し、号は蘭疇《らんちゅう》、晩年は楽痴と称した（以下、良順）。

良順は十八歳のとき幕府の医官・松本良甫《りょうほ》の養子になり、安政二年（一八五五）から幕府に出仕して、二年後には幕命を受けて長崎へ向かった。

早くから父親や師の坪井信道《しんどう》、林洞海《どうかい》らから西洋医学を学んでいた二十六歳の良

晩年の松本良順

ポンペと松本良順（前列左）

順は、長崎で一からオランダ医学を勉強する心づもりだった。

この当時はまだ幕府の奥医師は漢方医が主流を占めていたから、良順は逃げ隠れるようにして雨の日に品川を出発したという。

オランダ船ヤーパン号（のちの咸臨《かんりん》丸《まる》）が長崎に来航したのは安政四年（一八五七）八月四日の夕方である。

ヤーパン号にはオランダ海軍中尉H・ファン・カンテンダイケがひきいる海軍伝習《でんしゅう》の隊員と海軍軍医ポンペ・ファン・メーデルフォルトが乗り組んでいた。

彼等は幕府が開設し、勝海舟が統括していた「長崎海軍伝習所」の教官である。

そして、早速ポンペの講義が開始されたが、しかし、ちょっと奇妙なことになった。

ポンペが行なう医学の講義を聞く学生が良順ただ一人だったのである。

これでは師と弟子ともにやりにくく、また、たった一人で受講するのでは惜しいということになって、他藩の医学生と町医者十二名が加わり、ようやく講義らしい形が整ったという。

ところが、これが惨憺《さんたん》たることになった。ポンペ自身が述べている。

「彼らはオランダ語を学んだといったが、それは文法だけを学んだのであって、私のいうことと彼らのいうこととまったく了解ができなかった。通辞（通訳）が私のいうことを一語一語訳したが、扱う問題が学生にも通辞にもまったく未知の事柄であるために、良く了解できなかった」

悲劇というか喜劇というか、ポンペがどんなに熱心に講義しても、学生たちはその言葉をただ音声の羅列としてしか受けとめることができなかったのである。

だが、ポンペは辛抱強く物理、化学、解剖、生理、薬理学と、教えつづけた。

そして、万延《まんえん》元年（一八六〇）には長崎で日本最初の梅毒検査を行ない、つづいて良順は長崎奉行にかけあって洋式病院を設立し、ポンペを院長に据えてみずからは副院長になった。この病院（精得館《せいとくかん》）は病院と医学校を兼ねた日本ではじめての公立病院であり、のちに長崎大学医学部に成長してゆくことになる。

こうして五年間にわたって医学を教えたポンペは、良順をはじめ、岩佐純、長与《ながよ》専斎《せんさい》、緒方惟準《おがたこれよし》、戸塚文海《ぶんかい》ら、のちに日本の医学界の重鎮になる六十一名の学生に修業証書をあたえてオランダへ帰った。先生も学生もたいへんな努力を重ねてあげた立派な成果であった。

ポンペが長崎を出帆したのは文久《ぶんきゅう》二年（一八六二）九月のことで、はじめての幕府留学生である榎本武揚《えのもとたけあき》や赤松則良《のりよし》たちが同行していた。

おなじ文久二年、良順は江戸に帰り、三十一歳で十四代将軍・家茂《いえもち》の侍医（法《ほう》眼《げん》）に就任した。めざましい出世であった。

近藤勇と良順との関係性

これは余談だが、慶応元年（一八六五）五月、将軍・家茂の侍医として京都へ赴いた良順は、近藤勇《こんどういさみ》と会っている。そのころ西本願寺の太鼓櫓《たいこやぐら》にあった新選組の屯所《とんしょ》をたずねたのである。

明けても暮れても人を斬ることばかり考えていた新選組がどんな集団であったか、良順は貴重な証言を残している。

壮年の頃の松本良順

である。

「あたかも梁山泊《りようざんぱく》に入るの思いあり。壮士の烈の状甚《はなは》だ壮快なり。総人数百七、八十名あらん」という。新選組の最盛期だったから、なかなか意気さかんな雰囲気である。

しかし、良順は近藤に連中は行儀が悪すぎると文句をつけた。

どうしてかというと、「横臥《おうが》する者、仰臥《ぎようが》する者、あるいは裸体にて陰部を露わす者あり、甚だ不体裁にしてその無礼なる言うべからざる者あり」という様子だったからである。

すると、近藤は「三人に一人が病人だから仕方がない」とこたえたという。

そこでそれならばと良順はすぐさま隊士たちを診察した。

結果は次の通りである。

「その病は大概感冒《かんぼう》にして骨折疼痛《とうつう》する者多く、食傷これに次ぎ、梅毒またこれに次ぐ。ただ難病は心臓病（姓名不明）と肺結核（沖田総司《おきたそうじ》）との二人のみ」

カゼとケガと食あたり、梅毒であり、この診断結果からも隊士の日常生活がどんなにすさまじくすさんで動物的であったかが想像できる。

良順は病人たちをちゃんと布団《ふとん》に寝せ、毎日医者に回診させることにし、風呂に入って清潔にすることを教え、滋養に気をつけた食事をさせたり看護人をつけたりしたので、皆じきに回復したという。

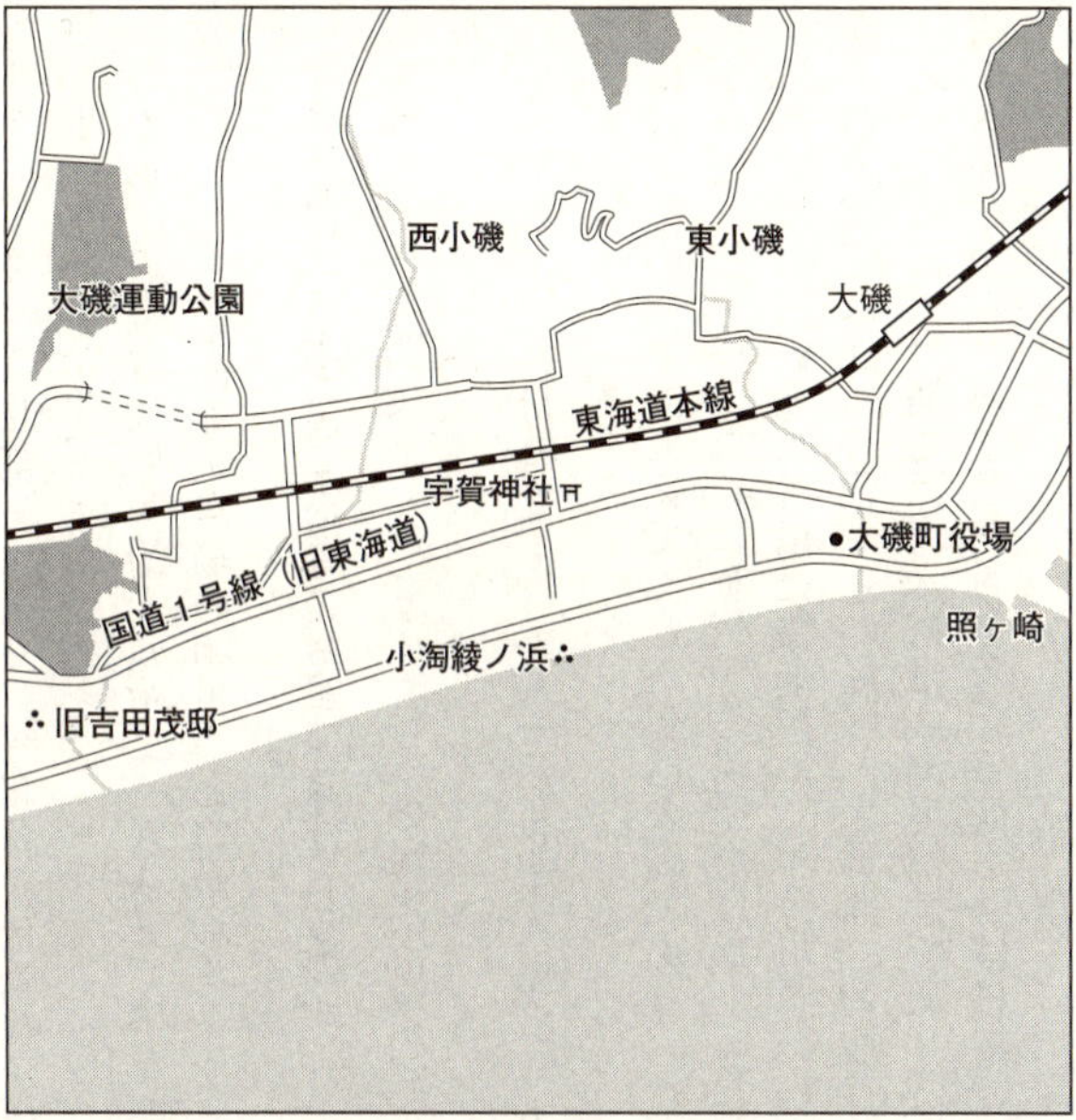

そして、幕府西洋医学所頭取・緒方洪庵《こうあん》が病没すると、良順はその後任をひきつぐことになり、折から戊辰《ぼしん》戦争がはじまると、新選組とともに会津へ落ちて軍陣病院を設立した。幕臣らしく列藩同盟軍の負傷者の治療にあたったのである。が、敗れて朝敵として捕縛され、江戸に送られて加賀藩邸に幽閉されなければならなかった。

良順は明治三年（一八七〇）五月に釈放されたあとは病院と塾を設立し、翌年の春に陸軍大輔・山県有朋《やまがたありとも》のすすめに従って兵部省《ひょうぶ》に入り、三年後には初代・陸軍軍医総監に任じられて明治二十一年（一八八八）まで勤めた。

この軍医総監時代の明治十八年（一八八五）に良順は「大磯《おおいそ》海水浴場」を「開設」して、「日本の海水浴場の始祖」といわれるようになったのである。

なぜ良順は「日本の海水浴場の始祖」と呼ばれるのか

海水浴場を「開設」したとか「日本の海水浴場の始祖」というのはどういうことか。

いい忘れていたけれども、かつての日本人には「海水浴」という習慣がなかった。

海は生活の糧《かて》をあたえてくれる生活の場であり、ただ単純に泳いだり浜辺に寝ころがったりして遊ぶために利用する場所ではなかったのである。

日本で最も古い海水浴場は横浜根岸（神奈川県）、須磨明石（兵庫県）だという説があるが、実は江戸時代からの尾張・大野浦（愛知県常滑《とこなめ》市）がいちばん古い。

といっても大野浦では海水浴は「潮湯治《しおとうじ》」であり、遊びではなく病気の治療が目的であったから、いま私たちが考える海水浴は日本ではほとんど行なわれていなかったといってよい。

したがって、良順が海水浴に着目して一般にひろめようとしたことは、結果として画期的な発想であり大きな業績であった。

良順は「海水浴」を長崎海軍伝習所にいたころポンペに教えられたのである。オランダ語で書かれた本のなかに「海水浴」という言葉が出てきてなんのことか理解できず、ポンペにたずねると「欧州では海水浴と云う事は、唱えられているが、海岸の好適地が少ないためあまり一般には省みられていないが、日本は四面海があるから適当な地があるだろう」といわれたのだという（『大磯海水浴場百年を迎えて』松本銈太《けいた》）

ポンペが地中海のリゾート地を知らなかったとは考えられず、この言葉には疑問があるが、それでも「海水浴」という概念を知ったということは良順にとって、ひいては日本人にとってきわめて大きな意味があった。

まず良順は小田原に滞在して海水浴場を開くとよいと説いて回ったようだ。が、小田原の人々は相手にしなかった。良順が小田原で会った人々は頭が悪く想像力に欠けていたのだ。

のちに良順は「予が説を聞く者なし。即ち縁なきを以て去り、途大磯を過ぐ」（『海水浴法概説』）と書いている。

そして、この大磯が大いに気に入った。

「その地勢、海潮甚だ優れり」

「海底清潔にして汚泥ならず。また、方向は南西を好しとするなり」（『海水浴法概説』）

良順は海水が皮膚にどのような影響をあたえるか、風向によってバクテリアがどう変化するか、生物の生態はどうか、波の力や形などの基準をつくって大磯が海水浴に適していることを調査確認したという。

良順はポンペに教えられた通り、大磯の明るく煌《きらめ》く太陽と青い空と真っ白な雲と澄んだ紺碧《こんぺき》の海に身体も心もいやされて、人々がはちきれそうな健康のよろこびを満喫できると考えたのだ。

そして、良順が泊まっていた旅館・百足屋《むかでや》の主人の宮代謙吉《みやだいけんきち》（のちに大磯町長）に海水浴がどんなに健康によいかを説くと、謙吉もこれに共鳴して海水浴場開設に奔走した。

これも余談だが、京都に同志社大学を創立した新島襄《にいじまじょう》が亡くなったのはこの百足屋の松林の梢越しに相模湾を望見できる高台にあった別館の愛松園であった。

良順の大磯ＰＲ作戦

良順は大磯という場所に着目してここを海水浴場に仕立てあげただけではなかった。

開設した大磯海水浴場を、非常に上手にPRしたのだ。

良順は河竹黙阿弥《かわたけもくあみ》に脚本を依頼して『名大大磯湯場対面《なにおおいそゆばのたいめん》』を書いてもらい、東京・新富座で上演させた。

曽我十郎とその恋人・虎の道行の舞台として大磯海水浴場が使われたのだが、出演者が当代の人気者であった菊五郎、歌右衛門、左團次《さだんじ》であったから、評判も上々で「大磯」という地名は文字通り日本全国津々浦々まで鳴り響くことになった。

明治になって以来、宿駅伝馬《しゅくえきてんま》制度が廃止されて、大磯は見捨てられた田舎町としてさびれ放題であった。

ちょうど同じ時期に東海道線が延長されることになって、横浜・国府津《こうづ》間の鉄道工事がはじまろうとしていたが、平塚に停車場をつくれば国府津まで駅はいらないということに決まろうとしていたほどである。

そのため良順は、総理大臣であった伊藤博文に面会し、海水浴がどんなに国民の健康に役に立つかを説いて大磯駅の誘致に成功したという。

こうして海水浴場が開設されると、南浜に八軒、北浜に二軒の「海水茶屋」（海水浴掛・海の家）が立ちならび、駅が設けられると、海岸近くに禱龍館、駅の北側

明治時代の大磯海岸に集まった有名人

に招仙閣、長生館などの大きな旅館が建てられ、大磯はたちまちのうちに避暑地として有名になっていった。

伊藤博文も大磯に別荘・滄浪閣《そうろうかく》を建てることになり、そのことがさらに大磯に人を集めることになった。

このため貴族、政治家、財界人などが町を行き交い、東京の有名な料理屋が出店をつくって進出した。大磯の一般町民の家が「夏貸し」と称して三か月間で八か月分の家賃を取れるようになった。

裕福な「別荘様」たちが贅沢をしたから、近隣の漁師や百姓も魚や農作物をいい値で売ることができて経済の波及効果は大きかった。

こうしたことから東京・銀座の土地が

三・三平方メートル四百円、白米十キロ一円五十六銭であった明治三十九年（一九〇六）に大磯の土地が三・三平方メートル百円で売れるほど高騰したのである。

幕臣が明治になって新政府に出仕することを軽蔑していた口の悪い福沢諭吉も、大磯を訪れて「翁の（海水浴場の）発明なかりせば大磯は依然たる貧駅にして……狐狸《こり》の巣窟《そうくつ》たるべきに今此の繁栄を致し」（丸括弧注は引用者）と良順の着目と企画力とその手腕を高く評価した。

そして、大磯の町民は誰かれを問わず寄附金を出した。

素晴らしい町おこしをやってくれた良順に対する感謝と敬愛の気持ちからで、集められた千五百円は大磯町東小磯中尾六百六十一番地にあった良順の宅地の購入と家屋の建築に使われた。

大磯に迎えられた良順は、そこに住んで町の人々から「お殿様」と親しみをこめて呼ばれながら晩年をのんびりと過ごしたのである。

しかし、良順は面倒見のいい男で、私財を投じてさまざまなことを行ない、芸人や角力（力士）や芸術家に惜しみなく金をあたえるなどしてついには借金がかさみ、町民からプレゼントされた土地と家は手放してしまったという。

そして良順は明治四十年（一九〇七）三月十二日に七十六歳で亡くなった。

徳恩碑

太平洋戦争前の大磯の風景

その後も大磯は海水浴場として大いに栄えた。

「七月ともなると、照《てる》ヶ《が》崎《さき》海岸（現在の防波堤下）に立派な海水茶屋が立ちならび、別荘の方々や一夏を大磯で過ごそうとする避暑客が借家をさがしに訪れて賑わって来ます。早い方は七月始めから暑い京浜方面から避暑のため移り住まって来ます。

別荘の方々はお得意の海水茶屋に来て、きれいな海水着に着かえて麦茶をのんで、のんびりと海を眺めています。当時は海岸の波打際は防波堤のすぐ下まで来ていました。

静かできれいな海に、色とりどりの水着をつけた男女が大きな浮輪に入り、これを泳ぎの達者な、俗に黒ん坊といわれている頑強な男の人に付添われて、のんびりと海水浴を楽しんでいる人達で照ヶ崎は一杯になり、華やいだ光景が展開されていました。

一日を海水浴をした方々は、夕方（午後四時頃）には、皆さん各自の別荘や避暑のために借りた家々に帰り、お風呂をつかって、ひと休みして、土地で獲れた新鮮な魚の料理を腹一杯食べて、夕暮れになると、きれいな浴衣に着飾って海水茶屋の

照ヶ崎海岸に建つ松本良順への謝恩碑

大磯・照ヶ崎海水浴場

男衆に付添われて、うちわ片手に賑やかな町の中を流して歩き海岸に出て夕涼みとなる。

夜七時から九時頃は、南本町、茶屋町、北本町の路上は大変な人通りでした。これにつれて町の人々も一家揃って照ヶ崎へ夕涼みに行くのが毎晩のようにつづきました。

子供は途中で射的をしたり、氷屋へ入って、あずき入りやいちご水のかかったかき氷を食べることを楽しみにしていました。

照ヶ崎では、子供相撲大会、花火の打ち上げ、黒坊大会、野外映画会が催されて、これを見物する人々で海岸は黒山のような人出で賑わっていました」(『関東大震災前後の大磯』中川良之)

おっとりと優雅で上品な避暑地の気配が伝わってくるが、大正十二年（一九二三）の夏の終わり、九月一日の関東大震災を境に大磯は変わりはじめた。地震で変化した海岸線に「大衆」が遊びに訪れるようになったのである。

また、しだいに世相も暗くなっていった。

不景気、そして昭和六年（一九三一）からは太平洋戦争に連鎖していく満州事変のはじまりである。

それでも、昭和三年（一九二八）、イギリスの外交官ジョージ・サンソム卿の赴任に伴って日本に来たキャサリン夫人が鎌倉の海岸を訪れてこういっている。

「真夏の鎌倉の賑わいは大変なものです。浜辺は人で埋まり、ビーチパラソルが太陽のひかりを受けてきらきらと輝き、ラジオが大きな音で鳴り響き、素敵な水着姿のスリムな娘たちが笑いながら散歩し、まっ黒に日焼けしたハンサムな青年たちが褌《ふんどし》一つで鉄棒にぶら下がったり、走ったり、跳んだりしています。泳ぎが上手な人もいて、大いに楽しんでいます」

太平洋戦争の少し前に見られた、夏の湘南の浜辺の光景である。

戦後、湘南に流れた「噂」

昭和二十年（一九四五）八月十五日、第二次世界大戦は日本の敗戦によって終わった。

日本にはアメリカの進駐軍が上陸し、ダグラス・マッカーサー元帥を支配者とするGHQ（連合国軍総司令部）による占領政策が実施された。

同時に、戦後の混乱がはじまった。

湘南には噂が流れた。

「米軍大挙上陸シ婦女暴行セラルルノ危険ナルヲ以テ一刻モ早ク山間僻地《へきち》ニ避難スベシ」というのである。

この流言飛語におどろいて、地方に疎開する者が出たり、鎌倉では女子生徒の授業を一時中止した学校もあった。

七十年前の日本人は女性が「貞操の危機」にさらされることにおののいた。白人兵や黒人兵に大和撫子《やまとなでしこ》が犯されることを心底おそれたのである。

そもそも良順は、明るい太陽と青い空と白い雲と澄んだ海から日本人が健康のよろこびをあたえられることを期待して大磯に海水浴場を開設し、それを奨励した。

しかし、いま、湘南の空はスモッグでくもり、潮風には海岸道路に渋滞する車の排気ガスが混じり、砂浜は石油化学製品の屑《くず》や空き缶をはじめとする人間の悪意そのもののようなあらゆる種類のゴミの捨て場になり、海水浴客は海水に含まれる大腸菌の数におびえなくてはならなくなった。

こんなヒドいことになるなんて、良順には計算外のことであったし、さすがのマッカーサー元帥にも想像もできなかったにちがいない。

14 上杉謙信の相模侵略【大磯・鎌倉】

相模国に縁が深い上杉謙信と直江兼続

なぜ謙信は生涯を独身で通したのか

上杉謙信は享禄《きょうろく》三年（一五三〇）正月二十一日、越後国頸城《くびき》郡（新潟県上越市）春日山《かすがやま》城に生まれた。

父は越後守護代職・長尾為景《ためかげ》、母は古志《こし》郡栖吉《すよし》の城主・長尾顕吉《あきよし》の女《むすめ》であり三人兄弟の末子であった。

七歳で城下の林泉寺《りんせんじ》に預けられ、名僧・天室光育《てんしつこういく》の教育を受けて育った。なぜ寺へ預けられたかはわからない。一族間の権力抗争が原因かと思われるが、記録がない。兄・晴景《はるかげ》と戦って長尾の権力を十九歳で掌握したことから推測するしかない。暗い血の抗争を体験して越後に君臨することになったといえるだろう。

謙信は思春期に精神の中心に仏教（曹洞宗）を据えた。天室光育の影響も受け、みずからを摩利支天《まりしてん》の生まれ変わりであると考えて毘沙《びしゃ》門堂《もんどう》に入って祈る習慣を身につけた。自分は一種の宗教家だと信じるようになったのである。

この時期に謙信は家老・直江実綱《なおえさねつな》の女に恋をした。

どのような経緯かこれも詳細は不明だが、生涯を独身で通した理由がこの女性にあったのではないかといわれる。男色説、不能説、性病説があるが、仏教的な禁欲主義と女性への思いが矛盾して苦悩した結果が独身主義となったように感じられる。

ひと言でいえば、謙信は純粋だった。

それも病的なほど純情であり、この純情さは対女性だけでなく彼の生涯を貫いている。

謙信は一生純情であろうとした。ダーティーなことはしない。おれは清潔に生きる。穢《けが》れ切った社会に背を向ける反骨の血が流れていたのかもしれない。

天文《てんぶん》二十一年（一五五二）、謙信二十三歳のとき関東管領《かんれい》・上杉憲政《のりまさ》が小田原の北条氏康《うじやす》に敗れて助けを求め、以後、彼は関東を背負って立つことになる。

大磯に本陣を構えた謙信

このときから二十六年間、死に至るまで三国峠《みくにとうげ》を越えて関東に十四回攻めて出

ているが、すべて、ひとえに純情さの発露であった。常に天皇、公卿、将軍など旧体制を信奉し、大義名分を重んじる中世的な保守派として生きて、ついには「日本国中に越後の輝虎《てるとら》（謙信）、三河の家康、両人ならで剛の大将ござあるまじく」（『甲陽軍鑑』）とまでいわせる愚直の強豪となった。

この謙信の風貌は撫《な》で肩、猫背、目鼻だちはくっきりとし、濃いひげが顎《あご》と頰に密生して身長は五尺二、三寸（約百六十セン

上杉謙信の本陣跡・高来神社（大磯町高麗）

チ）、やや病気がちで詩をつくることを好んだ。文学的な教養人の色彩が濃厚な、魅力的な武将であったといえよう。

永禄三年（一五六〇）に謙信は八千七百の精鋭をひきいて三国峠を越えて上州（群馬県）に乱入した。

上杉憲政に乞われて北条氏康を討ったためであったが、沼田城を抜いて厩橋《まえばし》（前橋）で越年して永禄四年（一五六一）を迎えた謙信は、関東の諸将に檄《げき》をとばして小田原城を目指すと、たちまちのうちに諸将が投降して馳せ参じ、その軍団は十一万五千にふくれあがった。魅力とカリスマ性があった証拠だろう。

勢いに乗って高麗山《こまやま》南麓の大磯（神奈川県中郡大磯町）一帯に本陣を構えた謙信は唐綾縅《からあやおどし》の鎧《よろい》に萌黄緞子《もえぎどんす》の陣羽織を

花水川と高麗山。山の左手に将兵が陣した

着用し、白綾《しらあや》で覆面して采配がわりに笹竹の杖で指揮した。ずいぶんと派手な風体である。

先鋒は太田資正《すけまさ》父子、小幡憲重《おばたのりしげ》がつとめて勢いよく攻めたが、酒匂川《さかわ》に邪魔されたうえ、小田原城は名城で、あちこちに放火するなどしてひと月ほども粘ったが、どうしても攻略できなかった。

そこへもってきて武田信玄が善光寺《ぜんこうじ》平《だいら》や笛吹《ふえふき》峠に進出し、越中口には門徒衆が蜂起《ほうき》するなどして背後がうるさくなり、まあ、このあたりで関東管領の権威は回復できたと考え、謙信はいったん軍団をひきあげさせることにした。

そして、鎌倉までもどると、謙信はそれまで断りつづけていた関東管領職を上杉憲政から譲り受けることにした。

鶴岡八幡宮（鎌倉市）

閏三月十六日、鎌倉・鶴岡八幡宮《つるがおかはちまんぐう》においてて拝賀式がとりおこなわれた。

お祭り好きの庶民が拝賀式の噂を聞きつけて若宮大路《わかみやおおじ》の両側にびっしりと群れ集まっていた。地元の僧や町の人々だけでなく、平塚や藤沢からつめかけた群衆である。

拝賀の儀式を兵士六百余名が警護していた。

謙信は足利将軍からゆるされた網代《あじろ》の輿《こし》に乗り、これを関八州《かんはっしゅう》の武将たちが供奉《ぐぶ》し、ほかの武将は八幡宮の境内にならんでこれを迎えた。

赤柄《あかえ》の傘、梨地《なしじ》の槍、毛氈《もうせん》の鞍覆《くらおお》いの率《ひ》き馬を備え、越後から随従している直江実綱、柿崎景家《かげいえ》、斎藤朝信《とものぶ》などが輿ま

上杉謙信の旗印

わりを警護している。

これも随分と派手で「行装《ぎようそう》目を奪い、隊列尤《もつと》も荘厳《そうごん》なり」（『上杉家御年譜』）という。

謙信は鳥居の前で輿からおりて、どよめきが起こった。

鷹巣《たかのす》城の城主・小幡憲重が太刀持ちの役をつとめている。

うやうやしく神前に礼拝して謙信は神をあがめる敬虔な気持ちをあらわした。

庭にずらりとならんだ諸将も頭をさげて神を拝した。

そして、雄剣《ゆうけん》一振り、龍蹄《りゆうてい》（馬）一頭、黄金百両を奉納した。

社僧は仁王般若《にんのうはんにや》を転読し、祝部《はふりべ》は中臣《なかとみ》の祝詞《のりと》をとなえ、五人の神楽男《かぐらお》と八人の乙女が袖をひるがえして拍子を舞った。

拝賀が終わると、上杉憲政は関東管領である「山内上杉」の姓と「政」の一字を贈り、それまで長尾景虎《かげとら》であった謙信は上杉政虎《まさとら》と名乗り、関東管領の官職を得た。

参列している諸将もみな誓紙《せいし》を差し出し、臣従することを誓った。

いかにも事大主義で、謙信は体質的に根っからの儀式好みな中世の田舎者だったと感じられる。古くささと後進性はまぬがれない。

上杉謙信、その豪快な最期

上杉謙信といえば反射的に武田信玄を連想するが、両者は川中島（長野県）において計五回その力をぶつけ合った。その発端は村上義清《よしきよ》、小笠原長時が信玄に領土を侵略されたと助けを乞うたことにはじまり、最も激しい戦闘が展開されたのは永禄四年（一五六一）九月十日の合戦であった。謙信が鎌倉・鶴岡八幡宮で派手な演出をして上杉姓を名乗ることになり、関東管領職に就任して半年後である。

川中島で謙信軍一万三千と信玄軍二万が新暦でいうと秋たけなわの十月二十八日に激突し、戦闘は容易に勝敗が決しなかった。

結果は謙信軍の戦死者三千四百余、負傷六千。信玄軍は戦死四千六百、負傷一万三千。

謙信軍は七二パーセントの損失、信玄軍は八八パーセントの損失で痛み分けで、両者とも「勝った」と宣伝して終わることになった。

幕の内の床几《しょうぎ》に腰をおろした信玄に白い馬の上から切りかかる謙信。この場面はいかにも勇壮で、謙信・信玄にはこうした伝説をつくりたくなるような英雄性があるのだろう。

十九歳で越後三十九万石の太守となり、七十余回の合戦に出陣した謙信は、晩年には越後をはじめ佐渡、出羽庄内、越中、能登、加賀、上野《こうずけ》、下野《しもつけ》、武蔵、信濃の一部を併せ持つ大大名になっていたが、しかし、謙信にはつきが決定的になかった。

元亀《げんき》四年(一五七三)四月、長年の宿敵・信玄が没して一度は安堵したものの、竹に雀の紋を染め抜いた旗や「毘《び》」や「龍」の旗印を京の町に打ち樹《た》てるには、越後はあまりにも遠すぎた。

そして、それは謙信四十九歳の春に唐突に来た。天正六年(一五七八)三月九日、厠《かわや》で倒れたのである。「虫気《ちゅうき》」(脳卒中)で、謙信は昏々と眠りつづけ、十三日に没した。

梅干を肴にドブロクを大盃でグイ飲みした謙信らしい豪快な死であった。

上杉謙信と直江兼続の「因縁」

こうした謙信の生き方と死に方を間近に見つめていた者の一人が直江兼続《かねつぐ》である。

兼続のことを話すまえに、戦国から鎌倉時代に時をさかのぼる。

源頼朝の父・義朝《よしとも》の異母弟・義賢《よしかた》のことである。

久寿《きゅうじゅ》二年（一一五五）八月十六日、義賢は武蔵・比企《ひき》郡（埼玉県比企郡嵐山町）の大蔵館で殺された。義賢はまだ三十歳前後だった。

殺したのは義朝の長男・悪源太義平《あくげんたよしひら》で、甥が叔父を殺したことになるが、その背景は少々こみいっていた。

殺された義賢は武蔵・秩父の次郎大夫こと秩父重隆の婿になっていたが、秩父氏は相模の三浦氏と対立していた。その三浦氏は義朝・悪源太義平父子と手を組んでいた。

義賢は、源氏の家督を継いで京都で検非違使《けびいし》として活躍していた父の為義《ためよし》とともに藤原摂関家の忠実《ただざね》・頼長父子と親しかった。とくに頼長とは男色の愛人関係にあった。

一方の義朝も為義の子の一人でありながら、鳥羽《とば》上皇のそばにあって受領《ずりょう》となっていた。

要するに藤原摂関家と鳥羽上皇の対立が義賢殺害の背後にあったということである。

そして義賢は舅《しゅうと》・重隆ともども殺されてしまったが、長男の仲家《なかいえ》は逃げてのちに源頼政の養子になり、当時二歳だった次男・駒王丸も畠山重能《しげよし》、斎藤実盛《さねもり》たちの計らいで乳母の実家がある信濃・木曽に逃亡し、乳母の夫である中原兼遠《かねとお》に預けられた。

その兼遠には兼平《かねひら》、兼光《かねみつ》の二人の男子と巴《ともえ》という女がいた。

したがって駒王丸・兼平・兼光・巴の四人は乳兄弟であり、駒王丸が長じて木曽義仲《よしなか》に成長したとき、巴はその側室となり、父からあたえられた土地の地名を姓にした今井兼平、樋口兼光兄弟は最期の最期まで行動をともにすることになる。

そして、平家を京から追放した義仲は、間もなく頼朝との抗争に敗れて死ぬことになり、頼朝は義仲関係の残党をことごとく追討した。木曽の山奥にまで兵を送りこんで徹底的に関係者を掃討した。ために中原一族も今井兼平、樋口兼光たちの親類縁者も、四方八方に逃げ散った。上野・赤城山麓の山中や、越後・魚沼郡などに隠れ棲んだのだ。

が、樋口兼光の子孫が永享《えいきょう》十年（一四三八）六月にはじまった「永享の乱」のときにふたたび姿をあらわし、室町幕府に反抗的な四代鎌倉公方《くぼう》・足利持氏《もちうじ》と対立する関東管領・上杉憲実《のりざね》に従って戦功をあげ、魚沼郡北山の地をあたえられた。

この兼光から数えて十六代目の子孫が、惣右衛門《そうえもん》兼豊《かねとよ》という坂戸《さかと》城（新潟県南魚沼郡）の薪炭《しんたん》用人である（のちに直峰《のうみね》城主・詳細不明）。

で、薪炭用人の樋口兼豊だが、その長男が与六（直江兼続）である。

与六は謙信が関東に出兵して小田原を攻めた永禄三年（一五六〇）に生まれた。

この与六に、坂戸城主・長尾政景の妻・仙桃院《せんとういん》が目を付けた。

仙桃院は謙信の姉で、景勝《かげかつ》という男子がいた。

その景勝に、仙桃院は五歳年下の与六を近習《きんじゅう》としてつけた。

そして、謙信は子供がいなかったので、永禄七年（一五六四）九月に景勝を坂戸城から春日山城にひきとって、みずから教育することになった。

景勝の近習である与六も、陪席《ばいせき》して謙信の薫陶《くんとう》をうけた。

幼少時に謙信の謦咳《けいがい》に接したことは、与六、つまりのちの直江兼続の人生の貴重な指針になったはずである。

景勝は謙信没後の内乱「御館《おたて》の乱」を、兼続とともに乗り越えて越後国主となり、やがて兼続は執権職《しつけん》についた。

さらに「長高《たけたか》く姿容《すがたかたち》美しく、言語清朗な」青年に成長した兼続は、二十二歳のとき景勝の命令で直江家の養子となり、その家の三歳年上の未亡人・船を娶《めと》った。

これが直江兼続の誕生の経緯だが、この人物が湘南と関わることはなかった。

兼続は遠い東北の地を中心に活躍した人物だが、しかし、木曽義仲の乳兄弟の末裔で、湘南を根拠地にしていた源氏にゆかりがあるので、親しみを覚えて家系図を眺めてみたということである。

兼続が出した「直江状」と家康の出兵

「陪臣《ばいしん》にて直江山城、小早川左衛門、堀監物抔《など》は天下の仕置するとも、仕兼間敷者《しかねまじきもの》なりと、称誉《しょうよ》せられけり」(『名将言行録』)
直江兼続を称して豊臣秀吉はこういったという。天下の政治を安心して預けられるのは兼続など数人にすぎないと。
秀吉はもとより徳川家康さえも一目置いていたといわれる兼続は、伊達政宗《だてまさむね》とは次のような話が伝わっている。
あるとき江戸城内の廊下で兼続は政宗とすれ違った。政宗はそのとき陪臣の兼続が六十万石の大名である我が身に何の挨拶もしないのは無礼であると咎《とが》めた。

すると兼続は少しもひるまず「長年戦場ではお目にかかっておりましたが、いつも後ろ姿ばかりで正面からは今日がはじめてなので、一向に気がつきませんでした」といい放ったという。

また、政宗が聚楽第《じゅらくだい》で諸大名を前にして懐中から金銭（大判）を取り出し、得意げに見せた。兼続が扇の上にのせて見ていると政宗は「手にとってよく見よ」と告げた。すると兼続は「謙信の時より先陣の下知して麾《ざい》取り候手に、かかる賤しき物取れば汚れ候故、扇に載せて候」（『常山紀談』）。

政宗はひと言も返答できなかったという。

兼続は名参謀としてだけでなく、好学の士であり詩人でもあった。

風花雪月情に関せず
邂逅《かいこう》し相逢ってこの生を慰む
私語して今宵別れて事なし
ともに河誓《かせん》また山盟《さんめい》を修む

『逢恋《ほうれん》』という題で兼続四十二歳のとき詩歌の会で発表されている。みずから『四季農戒書《のうかいしょ》』という農業の手引き書を出版し、一般庶民の衣料としての青苧《あおそ》や漆、紅花などの栽培を奨励した。

小田原城の遠望

兼続が生まれた永禄三年（一五六〇）は、先に述べたように謙信が関東に出兵して小田原・北条氏康と戦った年である。武田信玄は信濃侵攻をもくろみ、次の時代を築いてゆく織田信長が、桶狭間《おけはざま》で今川義元を倒した年である。

そして、信長が倒れ、秀吉も死んだあとの慶長五年（一六〇〇）、家康は景勝に謀反《むほん》の疑いがあるというが、上洛して申し開きせよと難癖をつけた。家康は、会津（福島県）に入っていた景勝を潰そうとしていた。

兼続は返書を認《したた》めた。挑発的な口調で理路整然と反駁《はんばく》した世にいう「直江状」であり、その書状に家康は激怒して上杉征伐の兵を出すことになる。

留守中に石田三成が行動することを想

定しての出兵であり、三成挙兵を知ると家康はただちに小山《おやま》（栃木県小山市）から引き返し、関ヶ原で勝ちをおさめる。

この関ヶ原の合戦のあと、負け組として謝罪した景勝は家康に厳しく断罪されて会津百二十万石から四分の一の米沢（置賜《おきたま》・伊達・信夫《しのぶ》）三十万石へ削封《さくほう》されることになった。それも百二十万石のときに抱えていた六千の家臣を整理（リストラ）することなく、である。

当時の米沢（山形県米沢市）は人口一万にみたない小規模な城下町だった。したがって、移住した家臣たちは町民と武士とを問わず既存の家屋の雑居人となり、一軒の仮住まいの掘立小屋に二家族も三家族も同居して困窮しなければならなかった。

兼続は総監督として慶長九年（一六〇四）から小さな城の拡張・改修・増築にあたり、城下町は基点を大町の札辻（米沢市大町二丁目交叉点）と定めて開発・整備しはじめた。

城の本丸東側の住民を東へ移動させて二の丸、三の丸をつくり、上・中級家臣を置いた。

三の丸の外側と城の北西部には下級武士を住まわせ、南の原野にも下級武士の集落をつくった。そこに住む数百世帯は「原方衆《はらかたしゅう》」とか「原々《はらはら》奉公人」と呼ばれた。曲屋《まがりや》と呼ばれる家々は間口六間、奥行き二十五間（百五十坪）の土地に建てられ、裏庭に池を掘らせて食用の鯉を飼わせ、垣根には食用のウコギを植えさせた。周囲の土地を開墾して収穫を得る半農半士（屯田兵《とんでんへい》）の足軽町である。

これらの市街地の東を北に向かって流れる松川（最上川）の氾濫《はんらん》を防ぐため、兼続はみごとな谷地河原《やちがわら》堤防（直江堤《なおえづつみ》）を築き、その下流にも蛇堤《へびづつみ》を築いた。城の西には外堀と運河を兼ねる堀立川《ほったてがわ》を開削し、上流の山々から薪や材木を伐《き》り出して城下町へ流す木場川も開削するなどして商業や民政に心をくだいた。

鉄砲と火薬の製造・備蓄も万全で、領土の両隣の伊達政宗と最上義光、幕府に対する軍備も怠らなかった。

また、佐渡金山の管理、朝鮮出兵、大坂冬の陣・夏の陣などの名参謀として名高く、その逸話も数多い。

元和五年（一六一九）十二月十九日、江戸城・桜田門前にあった三角形の土地に建てられたことから「鱗屋敷《うろこやしき》」とよばれていた自邸で亡くなった。死因は胃癌。享年六十。

15 杉山検校と江の島【藤沢・江の島】

なぜ安藤広重は藤沢宿で「座頭」を描いたのか

「杉山検校」とはいったい何者か

安藤広重《ひろしげ》の『東海道五拾三次内　藤澤』（保永堂版）に描かれている絵柄は不思議である。

藤沢宿の遠景に、山の斜面に遊行寺が描かれている。手前には境川に架けられた藤沢橋と鳥居があって、座頭《ざとう》（盲人で按摩《あんま》や鍼《はり》治療を業とした）が一列に、数珠つなぎになって歩いている。三人の大人と子供の、計四人の座頭である。

江戸から東海道を西に向かった座頭たちは、境川を渡って藤沢橋西詰の遊行通りを左折し、江の島街道に入って南へ行こうとしている。

広重は座頭たちの表情と動作をやや滑稽《こっけい》に揶揄《やゆ》する感じに描いている。かなり差別的な目で見ているように思われる。盲人を野原の真ん中へ連れ出してぐるぐる回して置き去りにして帰ってくる能があったが、昔はおおらかというか残酷という

安藤広重が描いた藤沢宿

か、障害者を大っぴらに差別していたのだなと思いながら、片方で、それにしても広重は藤沢宿でなぜ座頭を描いたのだろう、と不思議に思っていた。

広重は、日本橋では七つ立ちする大名行列と魚屋、川崎宿は六郷（多摩川）の渡し舟、箱根宿は峨々《がが》たる岩山と谷間を下る大名行列、江尻《えじり》宿（静岡市清水区）では港の船と三保《みほ》の松原、府中宿（静岡市清水区）では安倍川の渡し、四日市宿は吹き飛ばされた笠を追う男、庄野宿はにわか雨に襲われて走る駕籠や旅人などなど、それぞれの宿場の代表的な風景や世態人情、あるいは象徴的な光景を描いている。

藤沢宿の名物は、十返舎一九《じっぺんしゃいっく》の『東海道中膝栗毛《ひざくりげ》』では飯盛女《めしもりおんな》とゴマの蝿《はえ》だ

けれども、広重はなぜ座頭を描いたのだろう？　と不審に思っていたのだ。

それは、元禄《げんろく》（一六八八～一七〇四）以降、江の島へ参詣する座頭や盲目の鍼《しん》灸《きゅう》師がたくさんいたからだ。彼等は杉山和一検校《わいちけんぎょう》の徳にあやかりたいと願って江の島に参詣していたのだということがわかって疑問が氷解したのだった。

なるほどそういうことだったのか、と考えながら墓に向かって掌《てのひら》を合わせはしたものの、杉山検校とはいったい誰だったのか？

藤沢市・遊行通り（右が江の島街道）

検校とは何なのだろうか？

座頭が「検校」になるまで

杉山検校は、慶長十五年（一六一〇）、伊勢国・安濃津《あのつ》（三重県津市）に生まれた。浜松、大和《やまと》（奈良県）で生まれたという説もあるらしい。

父は三十二万石を領する藤堂高虎《とうどうたかとら》に仕える禄高二百石の杉山権右衛門重政《しげまさ》、母は尾張（名古屋）徳川家の家臣・稲富祐《いなどめすけ》直《なお》の女だから、中級武士の家庭に生まれたことになる。

和一は長男で、幼名は養慶（すけよし・やすよし）とも信一ともいう。

そして五歳（十歳説もある）のとき疱《ほう》瘡《そう》（天然痘）にかかって失明した。失明の理由もはっきりしないが、疱瘡であっ

杉山和一像

たとすれば「あばた顔」になったにちがいない。

百姓町人は、失明したときはただちに「当道座《とうどうざ》」に入らなければならなかった。

「当道座」とは盲人を保護する特権的な組合組織のことで、明石覚一《かくいち》という人物が室町幕府に公認させて以来明治までつづいた。明石覚一ははじめ琵琶《びわ》で伴奏をつけながら『平家物語』（平曲）に曲節をつけて語る者を組織して職階も定めたといわれている。

その当道座の最高位が検

校で、少しずつ形を整えていって江戸時代に検校以下、別当《べっとう》、勾当《こうとう》、座頭《ざとう》の四官に分類され、これがさらに十六階七十三階級に分類されていた。

失明者はとりあえずこの当道座に入って按摩、鍼、琴、三味線、琵琶などで生計をたてたのである。

しかし、養慶は百姓町人の出ではなく士分であったから、この当道座に入る義務はなかった。

少年時代の様子はわからない。

二百石取りの家だから、たぶんあれこれと目の治療を受けながらぶらぶらしていたのだろうが、十七、八歳になったときに養慶は江戸に出て鍼術《しんじゅつ》を学ぶことにした。武士の子供だから芸人より医家を選んだと想像できる。杉山家は養慶の妹・梶に婿養子をとって家督を相続させることにした。

山瀬琢一の門人になった養慶

江戸に下った養慶は、山瀬琢一《たくいち》の門人になった。

山瀬琢一はこのころ三十歳前後だった。万治《まんじ》元年（一六五八）十一月に検校になった鍼医で、京都の入江良明《よしあき》の弟子である。

そもそも鍼による治療は戦国時代からはじまったといわれ、入江流や吉田流などが有名な流派だった。

入江流は秀吉の医官をつとめていた園田道保と明人・呉林達に技術を伝授された入江頼明《よりあき》が祖で、その子の良明が受けついでいた。山瀬琢一はこの良明について鍼を学んで江戸で開業していたのである（『杉山和一とその医業』木下晴都）。

琢一の門下生となった養慶は、和一（以下・和一）と名乗って修業をはじめたが、しかし、箸にも棒にもかからなかった。

「性魯鈍《ろどん》にして技《わざ》進まず。ついにその逐《追》ふところなる」（『皇漢医学及導引の史的考察』石原保秀）。

ほとんど知的障害同様であるうえに不器用で、鍼の技術などおぼえるどころではなかったから、破門されてしまったという。和一は頭の働きが鈍い出身地の安濃津や尾張弁でいう「トロくさい」青年であったようだ。二百石取りの家にのんびり育った温和な、おっとりした性格で、気もきかなかったことだろう。

琢一はきっとお前の能力ではとても鍼医になれないから、ここは考えなおして生計をたてる別の手だてを考えてみたらどうか、ひとまず国もとへ帰って両親と相談してみなさいとでも諭《さと》して体《てい》よくやめさせたのではないか。

杉山検校の道標（藤沢市）

和一が琢一の門下でどれくらいの期間修業したかわからない。

つまり、何歳のころどのような判断をした結果なのかがわからないのだが、和一は弁財天に助けを求めて江の島を訪れた。

和一は現在の中津《なかつ》宮である上の宮に参《さん》籠《ろう》祈願をしようとしたが、上の坊の祠官《しかん》（行者）に乞食《こじき》坊主の断食修行は許可できないと追い出されてしまった。

仕方なく坂をおりた和一は、現在の旅館・岩本楼のあたりにあった下の坊の祠官に願い出ていまの辺津《へつ》宮である下の宮で断食祈願を行なうことにした。

弁財天は梵名・薩羅薩伐底《サラスヴアティ》で学問、技芸、福徳をあたえ縁結びをしてくれる女神だから、和一は一心不乱に鍼の上達を祈ったことだろう。二十一日間祈りつづけて結願《けちがん》の日を迎えた。弁財天におあずかりした甲斐あって、和一に奇跡が起こった。

もちろん和一が祈願をつづけたあと奇跡が起こったとか神秘体験をしたとかいっても現代人からすればそのまま信じることはできない。

いくつかの偶然が重なったとか、ひとつのことを真剣に深く考えつづけた結果、思いもよらない大きな真理を発見するとか、断食をしたせいで幻を見るような特異な体験をしたということだろうが、結願の日に江の島の下の方へおりてゆく途中、和一は石に蹴躓《けつまず》いて転倒し、全身を強く打った。

我に返ったとき、筒形に丸まった葉っぱをつかんでいて、そのなかに松葉が一本入っていたという。丸まった葉っぱではなく竹であったとも土の管であったともいう。一番ありそうなのは丸まった葉っぱのなかに松の葉が入っている説で、和一はそんな変哲もないものを拾って「イテテ！」とでもいいながら起きあがったのだろう（葉っぱにくるまれた松葉を踏んで気がついたという説もある）。

ところがこれが日本の医学の歴史上重大な出来事だったのである。

「杉山流管鍼術」はなぜ生まれたのか

筒形に丸まった葉っぱのなかに松葉が入っていた。

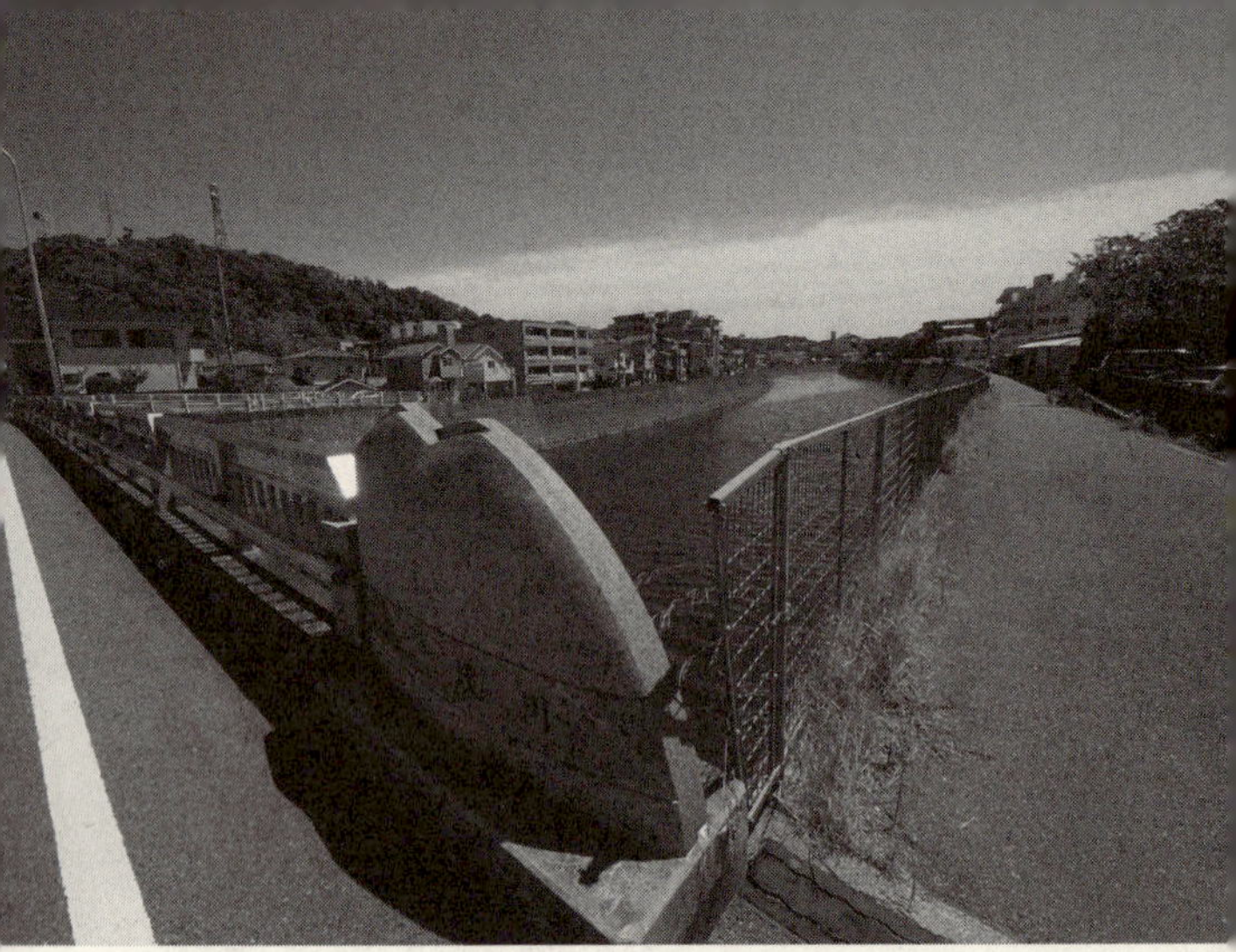
境川（藤沢市）

凡人にとってはただそれだけのことだが、和一は凡人ではなかった。

和一はこのことから「鍼管《しんかん》」を思いついたのである。

細い金属の管《くだ》にそれよりも少し長い鍼を入れて皮膚にあてると、わずかだが管から鍼の尻の部分が出る。鍼の尻の部分は竜頭《りゆうず》と呼ばれ、鋭く尖った先端に近いところより少し太くつくってある。施術者は人さし指でこの竜頭の部分を軽く叩く。この鍼の打ち方だと痛みがやわらかく刺すことができる。盲人が細い鍼一本だけを持って施術するのはたいへん難しいけれども、管を使用すれば鍼を打つ場所も固定できるし、打ち方もずいぶんやさしくなる。

ここに和一は「杉山流管鍼術」を創始

する大きなヒントを得たのである。

和一は江の島から師匠の山瀬琢一のもとに引き返して新しく大発見（大発明？）した技術に磨きをかけ、さらに京都にいた琢一の師・入江良明をたずねた。

良明が亡くなっていたので、その子の豊明《とよあき》について入江流鍼術を修めた。

その後、和一が江戸へ帰って京橋、つづいて麹町で開業すると、患者が朝な夕なにおしよせたという。門弟も増える一方で、「名鍼医」という名声は江戸に響きわたった。

針を刺す技術を簡易化し、穿皮時の痛みを少なくした杉山流は多くの患者だけでなく盲人の世界にも爆発的な勢いでひろまっていった。

「針にこころざし有って夕べに道に至るは管針《くだばり》にしくはなし、まなびやすくして針を下すに痛まず病人の精気衰えず」（『鍼灸抜萃《ばっすい》』原文・片仮名混じり文）といわれた。

和一は毎月江の島の弁財天に詣でた。

押すな押すなの患者で、多忙ではあったけれども、これだけは欠かさなかった。それだけ深く弁財天に感謝していたのである。

和一は八十歳になった元禄二年（一六八九）五月五日には、幕府から神田小川町に屋敷を拝領して扶持米《ふちまい》も三百俵になり、身分も御家人から旗本に格上げされた。

これをよろこんでか、和一は元禄三年（一六九〇）、江の島の下の宮の社殿を再建した。

さらに和一は翌年の元禄四年（一六九一）に「御城中御勝手向《おかってむき》乗物御免」となってこの年の十二月二日には扶持米二百俵が加増された。「御勝手向」とは財務のことだから、和一は徳川家に相応の献金をしていたのではないか。

あとでふれるが、検校をはじめ盲人は貸金業を営んでネズミ講式に金を吸いあげるシステムを形づくっていたから、金を上納することは充分考えられる。綱吉《つなよし》が最も重く用いていたのが大のワイロ好きだった柳沢吉保《よしやす》（側用人・老中）だから尚のことである。清濁はあわせ呑まなければならない。

そして、元禄五年（一六九二）五月九日。

和一は将軍から「総検校」に任じられた。

和一は同年九月二十九日に緋衣《あけごろも》を着し、紋白の袈裟《けさ》をかけることもゆるされた。奥医師最高の僧官・権大僧都《ごんのだいそうず》を兼ねたからである。

盲人組織「当道座」とは何か

盲人の組織である「当道座」にふれる。

当道座は京都・佛光寺《ぶっこうじ》東洞院にあった「職屋敷《しょくやしき》」（清聚庵）にいる「総検校」が

全国を支配していた。「職屋敷」の面積は東本願寺ほどの規模であったといわれるからすさまじい権勢である。

総帥の「総検校」は「極老」とも呼ばれ、この極老と「二老」と「三老」の三検校に加えて七人の検校、計十名が合議制で当道座を運営していた。この十人は組織全体の重要案件を裁決し、官位の授与や官金の分配、租税免除、悪事を働いた者の処分も行なった。

盲人は盲人だけの法制度（行政・司法・立法）に従っていたということで「総検校」の権限は強大であった。

検校になるためには平曲、箏曲《ていきょく》、三味線、鍼、按摩などの試験を受けて合格し、その者が千両の金を納めると当道座の総元締「本所」である京都朝廷の久我《こが》家から免許があたえられる決まりになっていた。なんと千両である。

検校だけでなくその下の別当、勾当、座頭、家分などという階位も階級があがるたびに相応の金を納めなければならず、たまった金は「座頭金」として金融に運用されていた。

高利貸しをやってネズミ講式に組織から金を吸いあげればいくらでも増やすことができた。

そしてこの免許をあたえられると「検校頭巾《ずきん》」をかぶったり「検校服」を着た

り、長さ七十六センチの鳩目塗の検校杖など官位を明らかにする特別な持ち物を持つことを許された。

「検校服」は後花園《ごはなぞの》天皇のとき惣一検校が小松院に重用されて紫衣《しえ》を賜《たまわ》り、「以後検校は紫衣を着せよ」という宣旨を受けてから着るようになったといわれる。

当道座の総元締「本所」として君臨していた久我家は村上源氏の嫡流で、代々山城国愛宕《おたぎ》郡（京都府乙訓《おとに》郡）久我を領地としていたことから久我を名乗るようになり、朝廷にあって右大臣、内大臣、太政《だいじょう》大臣を輩出していた。

土御門《つちみかど》、中院《なかのいん》、六条、岩倉、千種《ちぐさ》、東久世《ひがしくぜ》、梅渓《うめたに》諸家は久我家の支流である。若い人は知らないだろうが、高齢者にはなつかしい女優・久我美子《くがよしこ》の実家といった方がわかりやすいか。

和一の時代の久我家の当主は通誠《みちとも》で延宝《えんぽう》三年（一六七五）に従三位《じゅさんみ》、宝永《ほうえい》六年（一七〇九）には内大臣、正徳《しょうとく》元年（一七一一）従一位に就任した。歴史に残るような仕事はしていない人物だが、それまで代々受け継いできた既得利権に突然侵入されてさぞおどろいたことだろう。

おどろいただけでなく収入が大きく減ることになって、舌打ちしたり溜息をついたりしたことだろう。

なにしろいまをときめく五代将軍・綱吉の命令で突然生まれた「総検校」が利権

からあがってくる金の一部、それも少なからぬ一部をもっていってしまうのだから文句はつけられないが、口惜しいやら辛いやらであり、泣き寝入りするしかなかった。

久我家の減収はそのまま朝廷の減収だから天皇もさぞ不快であったろう。

綱吉もそのあたりは心得ていて、朝廷との摩擦が大きくならないよう、和一には全国ではなく関八州だけをまかせることにした。

「総検校」杉山和一は小川町の自宅に「総検校役所」を設けて当道座の腐敗を粛正したというが、もとより腐敗の手口は和一自身が一番よく知っていたのではないかという気がしないでもない。

江島杉山神社の起源

元禄六年（一六九三）六月十日。

綱吉は老中が集まっている席に和一を招いて、黄金の弁財天像をあたえた。

綱吉はさらに本所一ツ目（東京都墨田区）に千八百九十坪を町屋敷としてあたえ、和一はここに江の島から弁財天を勧請《かんじょう》した。

和一が八十四歳で毎月江の島に詣でるのが辛くなったからで、これが江島杉山神社として残っている。

江島杉山神社（東京都墨田区千歳）

なぜ本所一ツ目に町屋敷をあたえたかというと、綱吉が和一に「なにかほしいものはないか」とたずねたところ「目がひとつほしい」とこたえたからだという話が伝えられている。これは作り話だといわれているが、意外とコマかいところに気がつく柳沢吉保あたりがしたり顔で取りはからったことであったかもしれない。

このとき同時に建設したのだろうが、同じ年に和一は江の島に三重塔（現存しない）も建てている。

そして元禄七年（一六九四）五月二十日、和一は本所一ツ目の屋敷で亡くなった。遺書によって五月十八日を命日とした。八十五歳であった。

ヨーロッパではフランスにて本格的な

盲人の教育がはじまったのが十八世紀であったから、和一の盲人に技術をあたえて自立の道をひらく訓練をほどこすという先進的な業績は、日本史上にとどまらず、世界の盲人教育史上で高く評価しなおされなければならない。

当道座は明治四年（一八七一）十一月三日の太政官布告で廃された。

布告は「盲人ノ官職自今被廃候事」とあり、四民平等の時代が到来したということだが、しかし、明治維新後まもない日本では目が見えないという障害のある者が新しい職業につくことは大変困難であったから、盲人たちは大きな打撃を受けた。

「これはわが国盲人に与えられた未曾有《みぞう》の死活問題でありまた画期的な大事件であった。この布告によって多くの盲人は家庭の奥深くひそむか、街頭に出て人の喜捨《きしゃ》にすがるか二者択一という悲惨な状態を迎えたのであった」（『日本盲教育史』）

ハンディに対して特権があたえられていた士農工商以下、身分差別のあった時代よりも一人ひとりが西欧的で近代的で平等な時代のほうが、皮肉なことに盲人には住みにくくなったのである。

和一がこのことを知ったらなんというだろうか。

杉山検校の墓（江の島・西浦霊園）には

江の島にある杉山和一の墓

元禄七甲戌年
前《さきの》惣検校《そうけんぎょう》即明院殿《そくめいいんでん》
眼叟元清権大僧都《ごんのだいそうず》
五月十八日

と彫ってあった。

第四章　箱根・小田原

16 戦国武将・細川幽斎の「東海道散歩」【小田原】

小田原を発った細川幽斎の「戦略」とは

豊臣秀吉に信頼された細川幽斎

豊臣秀吉が小田原城の北条氏政《ほうじょううじまさ》・氏直《うじなお》父子を攻めるために京都を進発したのは天正《てんしょう》十八年（一五九〇）三月一日である。

これに先立つ二月二十二日、細川幽斎《ゆうさい》（藤孝《ふじたか》）は息子の忠興《ただおき》とともに鴨川に架けられたばかりの三条大橋の渡り初めを行ないながら京都を進発して小田原に向かった。

本来ならば秀吉自身が行なうべき三条大橋のはじめての通行を幽斎に直々に許可したためで、これは「名誉天下之外聞（評判）也」（『兼《かね》見《み》卿《きょう》記《き》』）と評された。渡り初めはたいへん名誉なことだと人々は噂しあったという。秀吉はそれほど細川父子を高く評価していたということである。

父子ともに戦国を生き抜いた狡猾《こうかつ》、といって悪ければ賢明、知恵者ぶりは秀れた

小田原城の天守

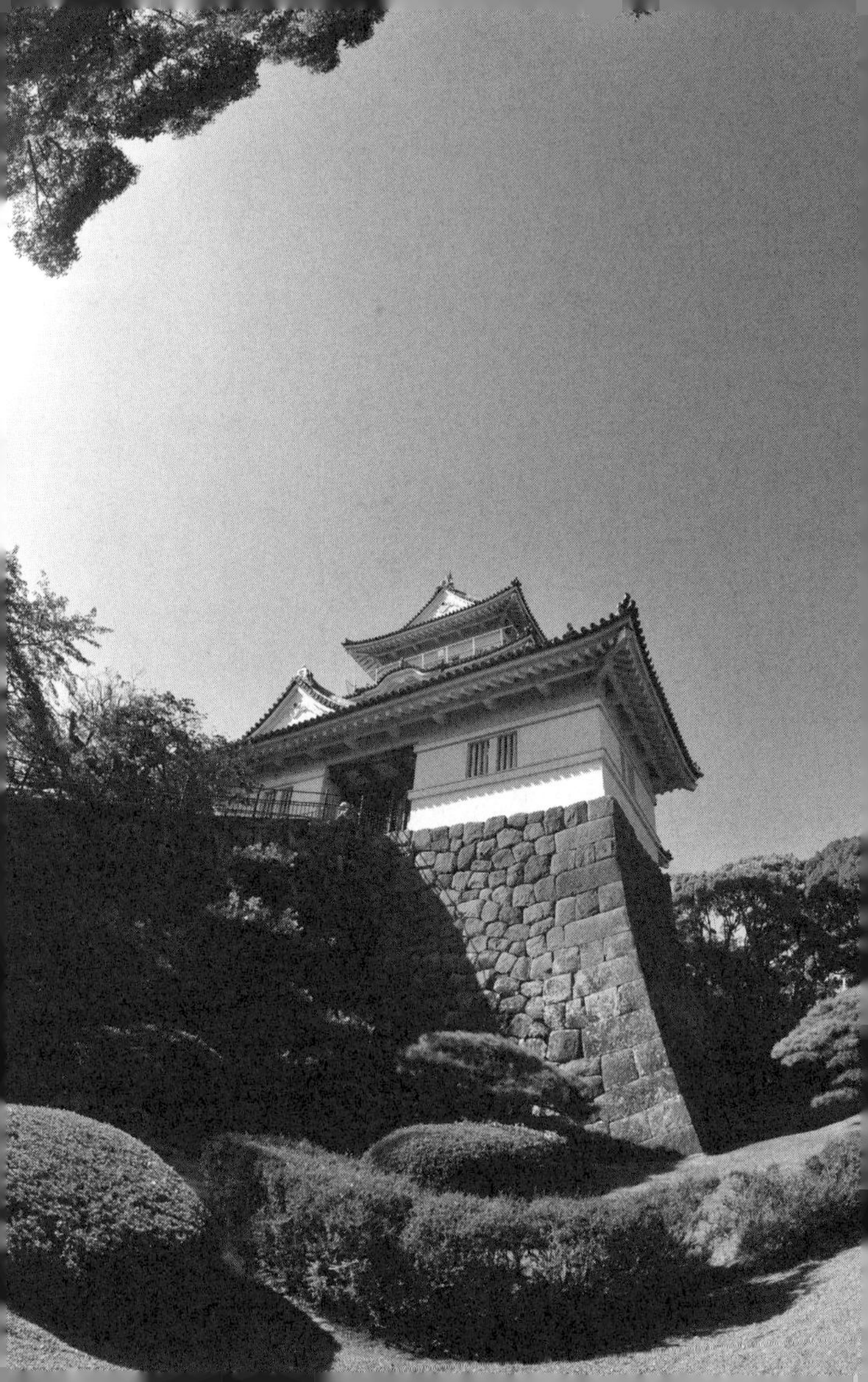

武将たちのなかでもとりわけ抜きん出ていた。

細川幽斎は天文《てんぶん》三年（一五三四）四月二十二日に生まれた。父は十二代足利将軍・義晴《よしはる》、母は学問の家として知られる清原宣賢《のぶかた》の女である。が、この誕生には少々複雑な事情がまとわりつくことになる。まず幽斎を生んだ母は義晴と正式に結婚していなかった。そして妊娠しているときに足利一族の三淵《みつぶち》晴員《はるかず》に嫁いだのである。

というのは、後奈良《ごなら》天皇が将軍・義晴と近衛《このえ》尚道《ひさみち》の女が結婚することをのぞんだためで、晴員はこの「拝領妻」を京都・岡崎（南禅寺の塔頭《たっちゅう》・聴松院《ちょうしょういん》のある場所）に住まわせ、彼女はまもなく男の子を生んだ。この男児が幽斎である。

天文八年（一五三九）、幽斎は六歳になった年の六月にはじめて実父である将軍・義晴に引見された。

義晴はこのとき幽斎に細川元常《もとつね》の養子になることを命じた。

細川家は清和源氏の流れをくんで八幡太郎義家も新田義貞も出ている名族である。代々三河（愛知県）細川村を領有していた。

さらに複雑な人間関係が展開してゆくがこれは省略する。

やがて細川家を継いだ幽斎は、越前（福井県）の朝倉義景《よしかげ》に仕えていた明智光秀と親交を結ぶようになる。将軍・義昭《よしあき》をかつぎ出して織田信長の幕下《ばくか》に加えられたためである。

光秀の組下、与力となった幽斎は息子の忠興の正室として光秀の女・たま（ガラシャ）を迎え、これで順調に波も風もなく出世してゆくかに見えた。

信長に仕えていたころの幽斎の人間性を物語る話が残されている。

幽斎は信長に「その方は何の年か」ときかれたことがあった。

「上様とおなじ年です」と幽斎はこたえた。

「では午《うま》年か」と信長。

「午年ではありますが、私はちがう午です」と幽斎。

「どのようにちがう午か」と信長が重ねてたずねた。幽斎は「上様は金覆輪《きんぷくりん》の鞍を置いた立派な馬ですが、私は小荷駄《こにだ》馬でいつも背中に物を背負っています」とこたえて皆大笑いになったという（『戴恩記《たいおんき》』）。

戦国時代の笑いと現代の笑いは質が異なり、こんな話のどこが大笑いするほどおもしろいのかよくわからないのだけれども、幽斎が信長をどれほどおそれていたか、信長に対してどれほど畏敬の念を抱いていたかはよく理解できる。どんなに用心深くどんなに細心の注意を払って接していたか、またどのような形で取り入っていたか、もである。

幽斎はやがて信長から丹後《たんご》（京都府北部）十二万石をあたえられている。

ところが、驚天動地の事件が起こった。

天正十年（一五八二）六月二日早暁の「本能寺《ほんのうじ》の変」である。

信長を強襲暗殺した光秀は、女婿の忠興やその父である幽斎を味方につけようとする。光秀としては当然のことであった。

が、幽斎・忠興父子は情に流されることなく理をもって秀吉を選んだ。

秀吉は「山崎の合戦」で大勝し、幽斎は駒を進めることになった。冒頭の話のように、幽斎は秀吉に厚く信頼されることになったのである。

なぜ幽斎は湘南へ散歩に出かけたのか

小田原攻めのとき、箱根を越えた秀吉は、当初は箱根湯本の早雲寺《そううんじ》に本陣を置いたが、すぐ近くの笠懸山《かさがけやま》に城を築いて小田原城を攻略することにした。

小田原城は名城で、力押しで落とすことなど不可能であったから長期包囲戦を展開し、笠懸山に築いた石垣山一夜城には淀君《よどぎみ》や千利休《せんのりきゅう》が招かれた。諸将にも妻妾《さいしょう》を呼びよせてのんびりと攻めようと呼びかけた。秀吉は毎日のように酒宴や茶会を催して、なかば遊びながら北条氏の首を絞めにかかったのである。

この半分休暇のような合戦のあいまをぬって、幽斎は湘南へ散歩に出かけること

石垣山一夜城（小田原市）

石垣山一夜城（井戸曲輪）

早雲寺（足柄下郡箱根町湯本）

にした。

幽斎が小田原から鎌倉を見物に行ってみようと考えた理由は、秀吉幕下の武将の一人としてかつての鎌倉幕府の史跡を見たいという気持ちがあったためだろう。幽斎は筋金入りの政治的な男だったからである。

秀吉は源《みなもとの》頼朝《よりとも》が好きだった。好きなだけではなく、頼朝を尊敬していたと思われる。九州征伐、文禄《ぶんろく》の役、このときの小田原北条攻めも三月一日に自軍を進発させているが、この日は頼朝が「諸国総追捕使《ついぶし》」に任じられた日だったからであり、秀吉はかねてから天下を一変させて武家政治を確立させた「頼朝以来の治」を目ざしていたといわれる。

したがって幽斎はそうした頼朝びいき

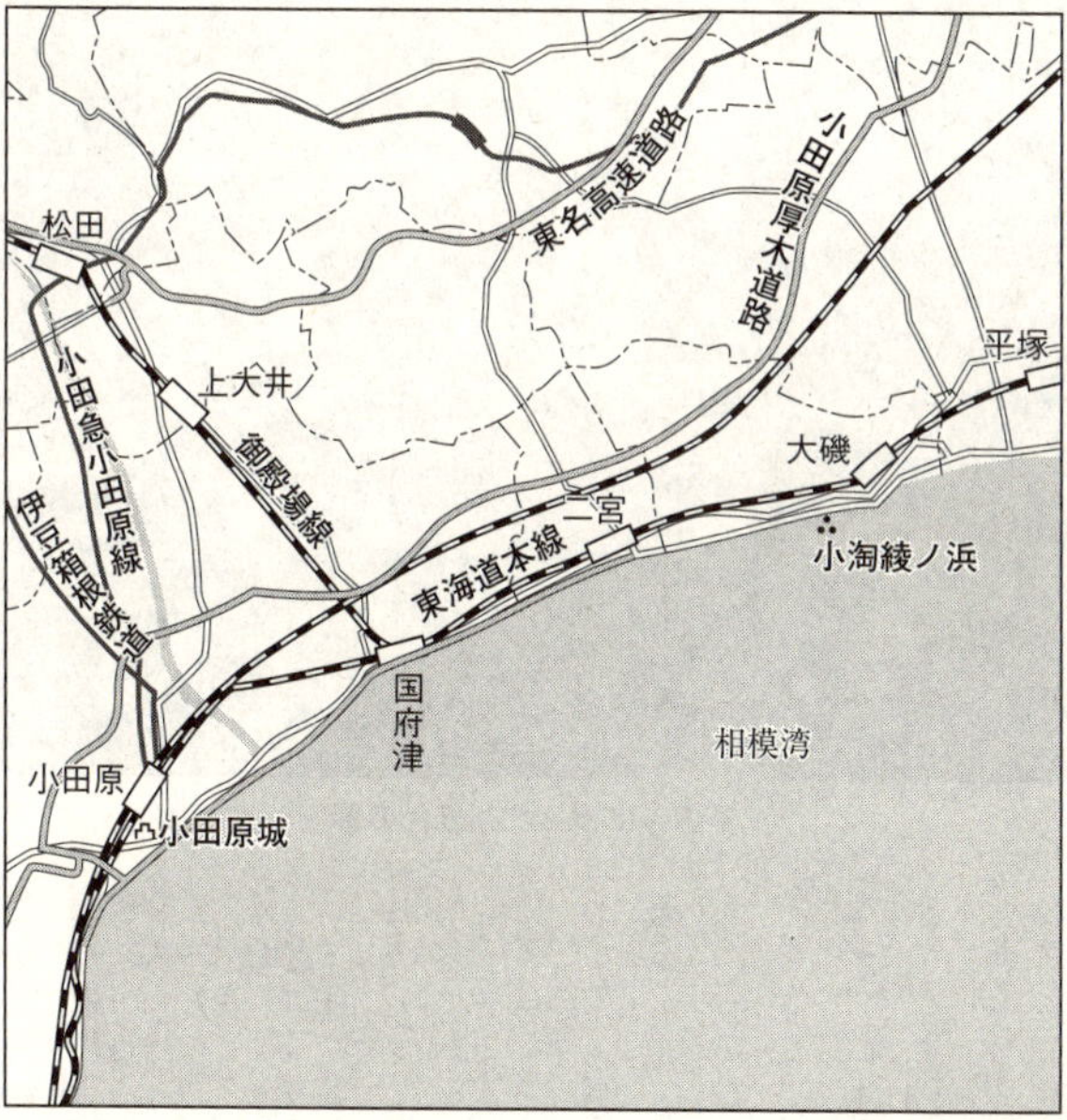

の秀吉に対する配慮、あなたの敬愛する頼朝公に私も敬意を払っていますよという姿勢を示そうとしたのではないか。

といっても、幽斎は秀吉に尻尾《しっぽ》を振ってこと足れりという程度の人物ではなかった。

いまひとつの鎌倉見物の大きな動機は、幽斎が秀れて文学的な男であったことによる。

小田原を出発した幽斎は東海道を東へ下った。

秀吉の軍事力は強大であったし、湘南一帯に睨みを

早雲寺に残る北条五代の墓

きかせている玉縄城《たまなわ》（鎌倉市城廻）も家康の説得工作で四月二十一日に開城していた。

といっても、北条の手の者が小田原から鎌倉にかけてあちこちの草むらに潜んで竹槍を構えていたり、物陰にかくれて狙撃するために鉄砲の火縄に火をつけている可能性もある。陰険なテロリストの襲撃によって命を失う危険はいくらでもあった。本能寺に倒れた信長がいい例である。

にもかかわらず鎌倉見物に出かけたということは、幽斎はただの文弱の徒ではなく、武士らしいなかなか豪胆な人物であったといわなければならない。

戦国武将の湘南散歩とはどのようなものであったのだろう。

『東国陣道記』に見る戦国時代の湘南

命知らずの護衛を相当数ひきつれた細川幽斎は、小田原から東海道や海岸に沿う道をたどったと思われるが『東国陣道記』に湘南のことを次のように描いている。

五月十一日鎌倉見物のためまかりける道に、大磯といふ所にしばしとゞまりて、こよろぎの磯を在所の人に尋ねけるに、すなはち此所のよしこたへ侍《はべ》るに、釣舟のおほ（多）くうかびてみえければ、

みるがうちに磯の浪分こよろぎの沖にいでたるあま（海人）のつり舟

十二日かまくらをみ侍りしに、かねておもひやりしにもこえてあれはてたる所なれば、

いにしへの跡とひゆけばやま人のたきゞとるてふかまくらのさと

鎌倉へまかりて、それよりむさしの国むつら（六浦《むつうら》）かな沢（金沢）見物に行侍しに、田辺（不明）のいそといふ所あるよしきゝて、

名にきゝてかへる心やさそふらむおなじ田辺のいその夕浪

幽斎は大磯の小淘綾《こゆるぎ》ノ浜《はま》から海に点々とならんでいる漁夫の釣り舟を眺《なが》め、かね

てから想像していた以上に荒廃した鎌倉の古跡をたずね、貧しげな薪《まき》を集める山人に出会った。そのあと六浦や金沢をたずねたところ、海辺に田辺（不明）という自分の城のある舞鶴《まいづる》（京都府）の田辺と同じ名前の場所があり、夕暮時の岸辺に打ちよせる波を見ていた、という。

湘南に関する記述はこれだけだが、このとき幽斎は体調を崩していた。京都を出る前から東海道を東下している最中も不調だったのだが、身体の具合が悪かったにもかかわらず鎌倉を目ざしたのは西行《さいぎょう》を慕ってのことである。

西行は六十九歳のとき、東大寺の大仏再建のために鎌倉の頼朝をたずねたあと、東北の藤原秀衡《ふじわらのひでひら》に会って黄金を寄付させたのだったが、そのころ住んでいた伊勢を出発して東海道を下るとき、有名な二首の歌をつくっている。

東《あづま》の方《かた》へ相識《い》りたりける人の許へまかりけるに、小夜《さよ》の中山見しことの昔になりける思ひ出でられて

年たけてまた越ゆべしと思ひきや　いのちなりけり小夜の中山

東の方へ修行し侍りけるに富士の山を見て

風になびく富士のけぶりの空に消えて　行方も知らぬわが思ひかな

東海道の金谷宿《かなやしゆく》と日坂宿《にっさか》の間にある「小夜の中山」は、その険しさで箱根峠・鈴鹿峠とならぶ東海道屈指の難所であり、この峠は富士を眺める景勝地としても古

くから有名な場所であった。このあと、文治《ぶんじ》二年（一一八六）八月十五日放生会《ほうじょうえ》の「流鏑馬《やぶさめ》」の日に鎌倉に入った西行は頼朝と会うことになる。

ついでに触れておくと、永享《えいきょう》四年（一四三二）、幽斎の祖先の一人である室町将軍・足利義教《よしのり》が富士遊覧の旅に出ている。

実情は、当時内乱状態にあった東国を牽制するという戦略的な旅をしたのだったが、文人気質の義教は小夜の中山から見える富士を非常に楽しみにしていた。が、空は暗く閉ざされていて「名にしおはば昼越えてだに富士もみず　秋雨くらきさよの中山」という歌を詠《よ》んだ。

ところが、富士遊覧を終えた一行が帰路に再び小夜の中山を通りかかると、白富士の美しい姿が望見できた。

そこで義教は「富士のねも面かげばかりほのぼのと雪より白むさよの中山」と歌って大いによろこんだという話もある。

したがって、歌人でもある幽斎にとっては「小夜の中山」や「富士」、そして鎌倉の地へ行くということがたいへん重要であった。

西行や義教だけでなく歌をつくる者にとっては「小夜の中山」も「富士」も重要なテーマだからである。

こうした背景があるからこそ、幽斎も先の『東国陣道記』に次のように書いてい

北条父子切腹地の戸村栖安宅跡（小田原市）

る。

四日遠州みかたが原（三方ヶ原＝静岡県浜松市）を行に、是より富士のみゆると人のいひけれども、あま雲はれず。五日みつけ（見附＝静岡県磐田《いわた》市）のこうという所にいたりてみるに、おなじくもりにてみえず。

方角もいさしら雲にめぞくばるふじをみつけのこうのいらねは

六日さ夜の中山ちかき山口といふ所にとまりて、月待いづる雲の雨にみわづらいて、ふせるとて、

袖にしもかたしく月のかげきえてはるさめくらきさ夜の中山

小田原に帰陣したあと、幽斎は七月十

五日に帰路についた。先に触れたように、参陣する前から崩していた体調を心配したためと称して甲斐（山梨県）、信濃（長野県）、美濃（岐阜県）経由で京都へもどった。

幽斎は三条西実隆《さねたか》から「古今《こきん》伝授」をさずけられている。「古今伝授」とは『古今和歌集』のなかの語句の解釈に関する秘密を特定の人に伝授することで、東常縁《とうつねより》からはじまって宗祇《そうぎ》に伝わり、宗祇から三条西実隆を経て幽斎に伝えられた。「伝授」と文学的な才能とはさほど関係があるとは思われないが、幽斎は連歌《れんが》にも造詣が深く、著作もたくさん書いていた。

戦国乱世の激動する政治の現場の、それも最も苛烈な戦闘が展開されている戦場の前衛に陣を構えて、武将としても文人としても成功者でありつづけようとした幽斎の生き方には凄味がある。

17 江戸城の石垣【真鶴・三浦・逗子】

江戸城の石はどこから運ばれてきたのか

大名たちに伝達された石運びのノルマ

徳川幕府の将軍十五代・二百六十五年間を支えつづけた江戸城は、周囲四里（約十六キロ）、東西五十町（約五・五キロ）、南北三十五町（約三・八キロ）、大手門を中心として螺旋《らせん》状に江戸の市街地を巻き込みながら、浅草橋までひろがっている巨大な城塞であった。

「皇居の庭園と将軍の住居だった立派なお城の総面積は、大都市をすっぽり包んでしまう広さである。首都のほぼ中心に位置しており城の三重濠で取り囲まれている。城壁と築城全体は加工石で築造された人口の丘とも言えるもので、その豪壮きわまる姿には見るものを圧倒するものがある。それは君主の権威が絶対的であるか人間の労働価値がほとんど皆無に等しい国でのみ可能な築城である」（『日本旅行記』ディアス・コバルビアス　大垣貴志郎ほか訳）

江戸城（現・皇居）の石垣。カミソリすら挟むことができない

慶長八年（一六〇三）二月、徳川家康が征夷大将軍に任じられて江戸に幕府を開いた。

翌慶長九年（一六〇四）から江戸城の修築にとりかかった家康は、その石垣の普請《ふしん》（土木工事）の課役を西国の外様大名である加藤清正、福島正則、池田輝政、黒田長政、前田利長、細川忠興、田中吉政、毛利輝元など二十八家と堺の豪商・尼崎又次郎に割り当てた。

命令を受けた大名たちは、石垣に使う石に適した安山岩や玄武岩が豊富にある真鶴《まなづる》（神奈川県）から伊豆半島（静岡県）にかけての海岸線に蝟集《いしゅう》した。

このあたりは、山々が海岸近くまで迫っており、切り出した石を運ぶ船を建造

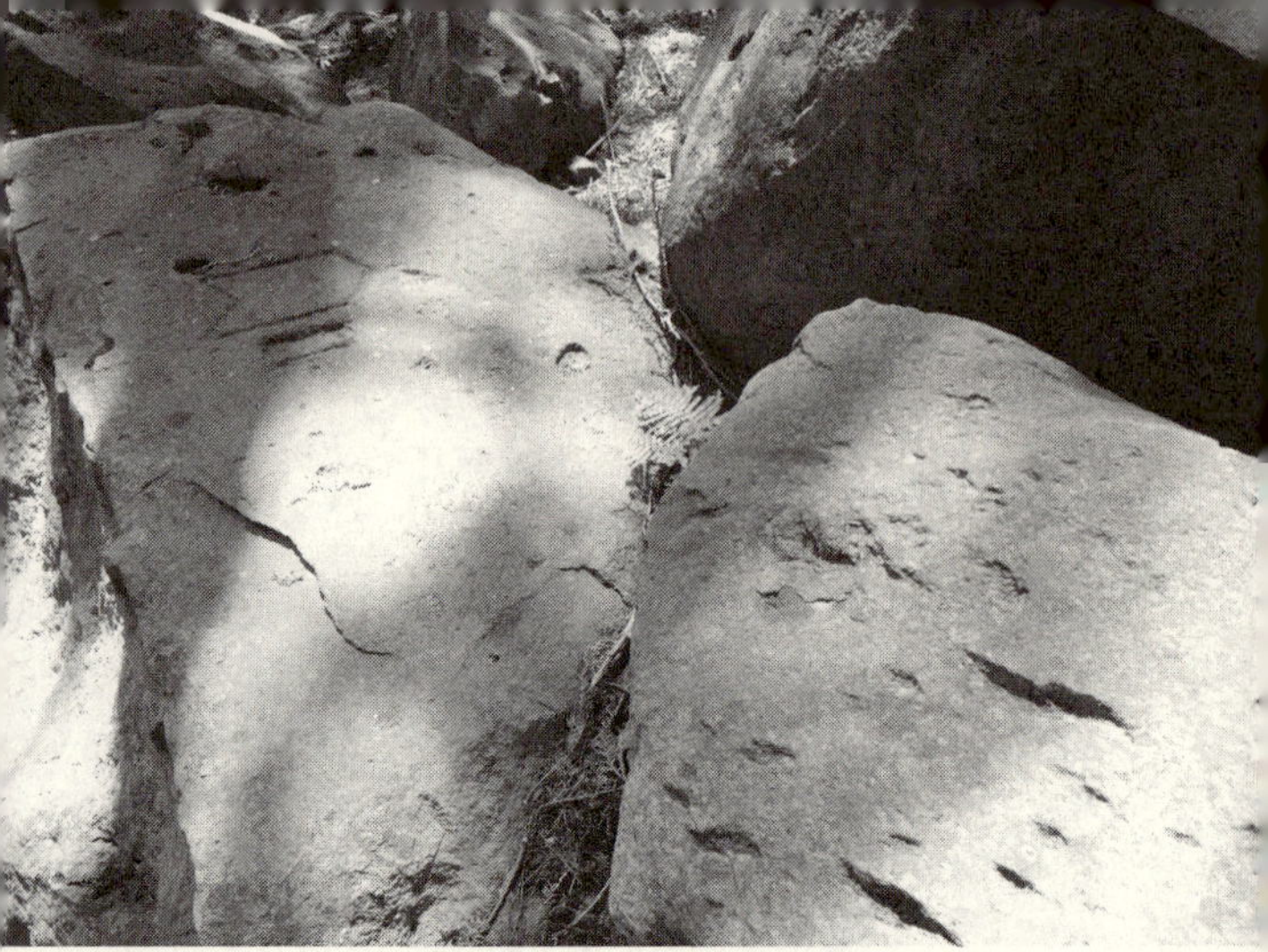

石丁場の採石跡。大名の印が刻まれている（静岡県伊東市宇佐美）

石丁場の採石跡（静岡県伊東市宇佐美）

するクスノキ、スギ、タブノキが豊富に繁茂《はんも》していて採取しやすいのだ。

さらに、入江、港湾のひとつひとつに、かつて北条早雲、今川義元、武田信玄の配下にあった中小零細な海賊が棲《す》んでいたから、操船技術に長《た》けたその子孫たちが格好の人材となった。

この事業における大名たちへの調達ノルマは、百万石当《ごく》たり百人持ちの石を千百二十玉であった。大名たちは所領百～二百石に一人の割合で人夫を狩りだした。十万石の大名なら五百～千人である。

すでに天下を制した家康に対して、課役《かえき》を拒否できる大名はもちろんいなかったが、それどころか家康の意に沿うため、彼等は総数三千艘《そう》にのぼる石材運搬用の船を次々と建造した。

幕府からは一万一千九百二十五両の補助金が支給されたものの、一艘あたりわずか四両にしかならない計算である。

一艘の船は百人持ちの石を二個積んで伊豆～江戸間を二往復したから、全船が一か月フル稼働すると、三十六万個の石を運んだ計算である。

船で運ばれた巨大な石

石は修羅船《しゅらせん》や平田船、石釣り船で運んだ。

石釣り船（大蔵永常『農具便利論』より）

修羅船は、船の前後にだけ板が張られ、中央部の船底に石を積んだ最もスタンダードな石船であった。

平田船（段平《だんぺえ》）は捲車を装備した細長い平底の船である。捲車は太い丸太の竪軸を腕木《うでぎ》で回転させて綱を巻き取ってゆく作業を行なった。突堤《とってい》にこの平田船を横づけし、石を載せた修羅を捲車で引き寄せたのだ。

伊豆石の運搬には、もっぱら捲車つき修羅船が使われたようだが、捲車を装備した船と岸壁の間に平田船を挟んで固定し、石をたぐりよせてその平田船に石を載せるという方法もとっていた。

あるいは、石は水のなかでは浮力がついて軽くなるという原理（アルキメデスの原理）を生かした石釣り船（底抜け

伊豆・川奈海岸の巨石

船）があった。船の中央部が抜けていて、舳先《へさき》と艫《とも》から石を綱で海中に吊って運ぶのである。とくに海中では一二〜一三パーセントも軽くなる。また、この方法は重心が低いため、船全体が安定して転覆しないという利点もあった。

慶長十一年（一六〇六）五月二十五日に海が時化《しけ》て鍋島勝茂の石船百二十艘、加藤嘉明のが四十六艘、黒田長政のが三十艘沈没したという。積みおろしが比較的容易な、重心を高くおいた方法をとったため、船が転覆しやすくなっていたからであった。

船に積めないほど大きな石は、筏《いかだ》に載せたり、二艘の船の間に吊ったり、多数の空樽をしばりつけて浮力をつけ、小舟で曳《ひ》いて航行させたりもした。

石船の航路は海岸線に沿っていた。

波が高く危険な外洋を避け、天候の変化に応じて稲取、川奈、網代《あじろ》、真鶴、鎌倉、逗子、葉山、三崎、横須賀などの港にすぐ逃げ込むことができる海岸沿いの航路を選んだのである。

とはいえ、逞《たくま》しい海賊の末裔である伊豆の漁民は「一棹《さお》三里」といった。流れの速い黒潮に乗れば船の速度がきわめて速くなるという意味だが、荒っぽく外洋に出てただちに江戸湾へ突入した者もいたにちがいない。

こうして江戸に運ばれた石は、外濠沿いの鎌倉河岸《がし》（千代田区内神田）に揚げら

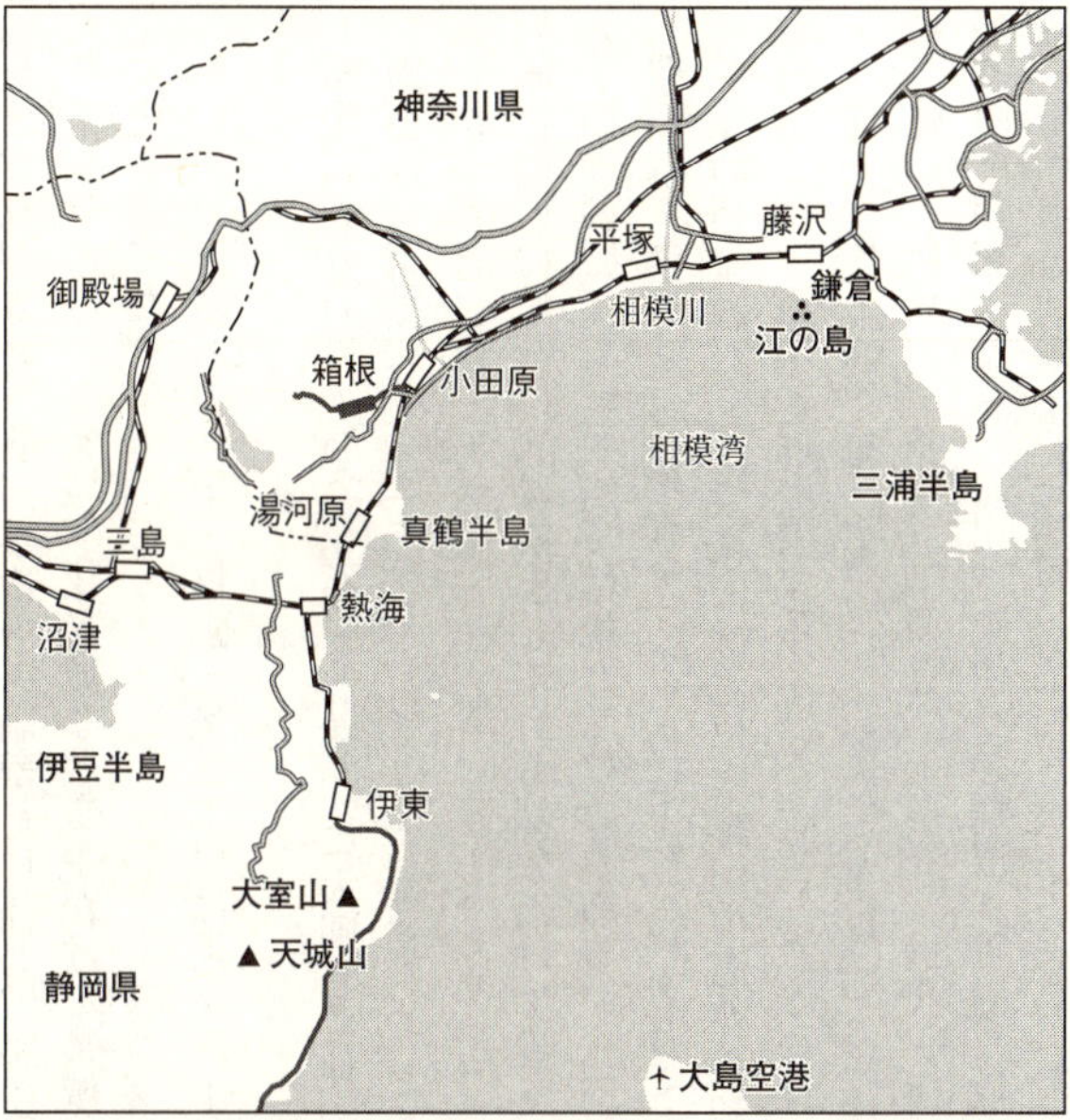

れ、梃子木《てこぎ》、鉄梃《かなてこ》、コロにする敷木、摺木《すりぎ》、鉄鎖《てっさ》や麻綱、樫《かし》のかつぎ棒、南蛮轆《ろく》轤《ろ》（捲車）、そして修羅を利用して城まで運んだ。

約百二十キロも離れた伊豆から運んだわけで、これは日本築城史のなかで最も遠方から石を運んだケースであった。

慶長十年（一六〇五）四月、家康は秀忠《ひでただ》に征夷大将軍の職をゆずって引退した形をとった。

江戸城の修築事業を引き継ぐことになった二代将軍・秀忠は、内藤忠清、神田正俊、都築為政、石川重次を普請奉行に任じ、縄張り（設計）にはこれまでと同じく、和歌山城、二条城、伏見城などを手がけた築城の名手という聞こえの高い藤堂高虎をあてた。

その後、江戸城の修築・拡張・整備工事は延々三十年以上も続くことになったのである。

石垣に使う石は大石と栗石（グリ石）に大別して使い分けられた。

大石は二百貫（七百五十キロ）以上の石を指し、おもに積石、面戸石として使われたが、ときには一万貫（三七・五トン）などという巨石もあった。たとえば、大坂城楼門前の蛸石《たこいし》は表に露出している部分だけで畳三十八枚分（推定百四十トン）、大手門内の肥後石に至っては畳五十枚分もある。

栗石は、径五寸（約十五センチ）以下のゴロタ石で、おもに積石の裏に裏込石として埋め込まれた。江戸城では主に上野国中瀬から利根川の舟運《しゅううん》で運ばれたものを使用した。石垣一坪の要する栗石が三両したという（慶長十一年）。

「石切丁場《ちょうば》」「石丁場」あるいはただ「丁場」と呼ばれた採石場は、真鶴半島全域、熱海・伊豆山、多賀、下多賀、上多賀、網代、伊豆宇佐美、御石ヶ沢、新井、城ヶ崎、川奈、富戸《ふと》、北川《ほっかわ》、東伊豆の稲取、下田に散在していた。もちろんこの付近一帯の海岸、急峻《きゅうしゅん》な斜面、沢、断崖、山頂と、あらゆる場所から石が切り出された。

どのようにして石を切り出したのか

石切りの道具は、いたってシンプルである。

まずゲンノウ（玄翁、鉄槌）、そしてノミ（サキノミ、ソコノミ、ツバクロノミ）、石割りに使う平べったい矢（箭）。その矢を矢穴に打ち込むヤジメ（重さ十二キロ、柄長約一メートル）、平たい両刃つきの仕上げ用の槌であるチョウナ、石の面を整えるコヤスケ、石材の表面の粗仕上げに使う打面に格子状の切り込みのあるビシャンなど槌のたぐいである。しかし通常は、ゲンノウと矢だけで充分用をなしていたようである。

技術も、そう難しいものではなかった。

まず第一に、石にノミで点線状に矢穴を掘り、その矢穴の列に次々とノミを打ち込みつづけて割る。

あるいは、掘った矢穴のすべてに草を巻き付けた樫《かし》や欅《けやき》のクサビを打ち込んで水をかけておく。こうするとクサビが水を含んで膨張し、石は矢穴が並んでいる通りに割れる。

第三の方法としては、矢穴にソバ殻を詰め、油をかけて火をつける。ソバ殻は高

江戸城（現・皇居）の潮見坂（左の坂）

熱を発して燃え、その熱で岩が割れるともいう。

いずれの方法でも技術の進歩とともに矢穴が小さくなっていったので、矢穴が大きいほど時代が古いと思えばよいと考えられる。

伝承のため定かではないが、職人の給金は、自分で掘った矢穴に入る量の米だったともいわれている。

また、慶長六年（一六〇一）に山内一《かず》豊《とよ》が大高坂《おおたかさ》城を築いたときは一般庶民の男女が栗石を運び、子供たちも着物のたもとに砂礫《されき》を入れて運んだといわれ、十歳以下の子供には砂一升（一・八リットル）を単位として銭を与えたという。

石は寸法通りに切り出さなければならない。

ただ割ればよいというものではなく、石垣全体のイメージやディテールが設計され、その設計に従った寸法の石が注文される。

この指揮をとったのが「穴太衆《あのうしゅう》」という石工たちであった。

大津から五キロほどの琵琶湖西岸に、穴太（滋賀県大津市）という、五輪塔や灯籠をつくる石工（石切）集団が住む村落があった。この集団に注目した織田信長が、天正四年（一五七六）に安土《あづち》城の石垣築きを依頼して以来、「穴太衆」として歴史の舞台に登場してきた。

彼等は安土の工事をきっかけにして、二、三十年の間に腕を磨き、すっかり技術を確立して「穴太衆」の地位を築いたのである。そして、慶長期になると「穴太」は石垣師、石垣築きの代名詞なって「穴太役」といえば石垣工事を担当する集団を指すようにもなった。

また、穴太衆だけでなく石臼や石塔、灯籠を細工していた馬淵《まぶち》（同近江八幡市）の石工たちも参加していた。

彼等は切り出した石を目的地までどういう経路で運び、石垣のどんな角度で据えるかなども研究していた。

大名は、石を運ぶなど特別な技術のいらない作業をする一般の人夫に、それぞれの国から狩りだした農民をあて、納租《のうそ》の代わりに労働をさせた。

興味のあった大都会・江戸に出られたうえに衣食住も保障されるという一見好条件であったが、その労働量はかなりのものであったと思われる。

しかも、指定された工期に仕上げなければならなかったから、各大名は領民を規定の何倍も招集していた。

切り出された石の運搬は、樫のような堅い棒と藤綱や苧綱《おづな》でかつぎ出す「釣り出し」が一般的であった。ただし、この方法は地べたを曳きずらないように、石の高さは二尺三寸（約七十センチ）を限界としていた。

大石の場合は、栗の木製の格子の枠であり橇《そり》である、通称・修羅（修羅車・スラ）を使った。帝釈《たいしゃく》（大石のこと）と戦うのは阿修羅王だと洒落た命名である。石の重さによって大小さまざまな修羅を使い、道筋に並べられた丸太の上を人力で曳いてゆく。要するに、丸太が車輪の役割を果たすわけだが、さらに海藻の荒布をそこに敷いてヌメヌメを潤滑油にしていた。

また、栗石は、モッコや石貞子《いしてこ》（籠）に入れて運ぶか、牛車《ぎっしゃ》に載せて運んだ。いずれの石も「石改め」という検査を受けて、帳簿に記載されてから船に積まれたのである。

日本の石垣の特徴は「空積み」といって、石と石のすきま（目地）にセメントや土を使わないことである。

そして石積み形式には三種類あった。

①「切込み接《は》ぎ」（勾配七十五度）……ノミ、タガネで石を削り、すきまなく積む。外から見える小口は四角や六角である。

②「打込み接ぎ」（勾配七十二度）……ゲンノウで少々石を欠いて、石と石の歯口（合端）を少し合わせ、すきまに栗石（友飼《ともがい》石）を詰める。

③「野面《のづら》」（勾配六七・五度）……自然石（野面石）をそのまま積む。

驚くことに、いずれの形式も、力学にもとづいた科学的な計算方法ではなく、経験の積み重ねから生まれた技術である。

築城の際に子供を使った理由とは

築城に関してはさまざまなエピソードが残されているが、加藤清正・忠広の家来の森本儀太夫《ぎだゆう》の話がおもしろい。

江戸城の基盤は三角洲で、その脆弱さを危惧した森本は、入江ないし沼地であった桜田から日比谷に葦《あし》や萱《かや》を刈り集めて敷き、平場《ひらば》をつくって土をかぶせ、小石を敷いた。

そしてそのまま放置しておくと、子供たちの恰好の遊び場になる。つまりこれで地盤をしっかり固めたのである。

このために、森本が担当した工事がいちばん遅れて、石垣を築き終えたのは慶長十六年（一六一一）のことであった。この件で、他藩からは物笑いの種にされた。

一方、浅野長晟《ながあきら》の現場である日比谷入江の沼地では「筏地形《いかだじぎょう》」という松の木で筏を組んで杭で固定し、その上に石垣を載せる方法をとったが、慶長十九年（一六一四）の台風による大雨で簡単に崩れてしまい、百人以上の死者を出す惨事を招いた。

このとき、森本の担当した石垣はビクともしなかった。以後、浅野家では森本に技術指導を願い出て工事をつづけたという。

熊本城の石垣の惚《ほ》れ惚れするような美しさ、みごとな堅牢さを見ると、なるほどとうなずける話である。

家康・秀忠・家光にわたってつづけられてきた江戸城の工事は、寛永《かんえい》年間（一六二四〜一六四四）の外濠修築でようやく終了した。

信長の安土城以後、築城ラッシュで引く手あまたの活躍をしてきた石工たちの仕事も、元和（一六一五〜一六二四）の時代になると数少なくなって、彼等は再び墓石や灯籠づくりにもどっていった。
「元和偃武《げんなえんぶ》」につづく、静かな泰平の世がはじまったのである。

18 二宮金次郎の「真実」【小田原】

数々の伝説に包まれた「二宮金次郎」の実像

農民の息子から出世を遂げた金次郎

小田原藩主・大久保忠真《ただざね》が大久保家の分家である宇津《うづ》家が治めている飛び領地・桜町（栃木県真岡《もおか》市）の財政再建を二宮金次郎（尊徳）に依頼したのは文政四年（一八二一）春である。

桜町領は物井、東沼、横田の三村から成り、旗本・宇津釩之助《はんのすけ》が陣屋に拠って支配しており農民千九百余名、四百余世帯が四千石を生産して三千から四千俵の年貢（税）を納めることになっていた。

が、疫病や天明《てんめい》の飢饉に襲われたことや、領地運営が杜撰《ずさん》な上に宇津家が贅沢を好んだため、文化九年（一八一二）から文政四年（一八二一）まで税収が平均九百三十四俵、金百三十両に落ちて農民の世帯数も百四十五に減っていた。

約四分の一の収入では領地の運営はできなかったから、桜町領全体が足りない分

二宮金次郎像（栃木県今市市・報徳二宮神社）

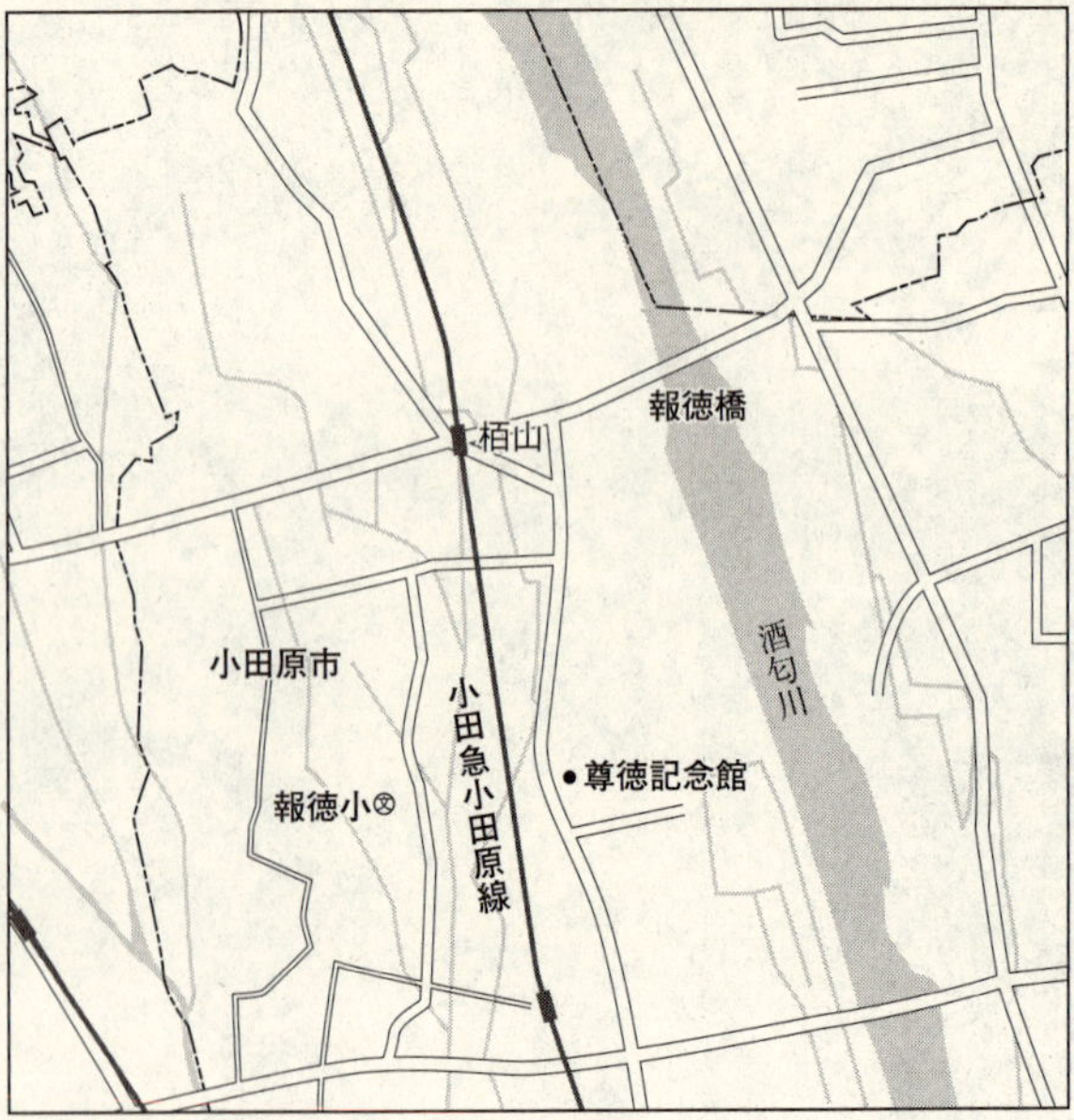

を本家の小田原・大久保家から支給される補助金に頼る寄生生活を送っていたのだ。

金次郎は天明七年（一七八七）七月二十三日、酒匂《さかわ》川の右岸の農村・栢山《かやま》（神奈川県小田原市栢山）で生まれた。父・利右衛門と母・よしの間の長男である。

養子だった父は病弱で働くこともできないだけでなく無類のお人好しであったから、中農クラスであった二宮家の資産を減らしつづ

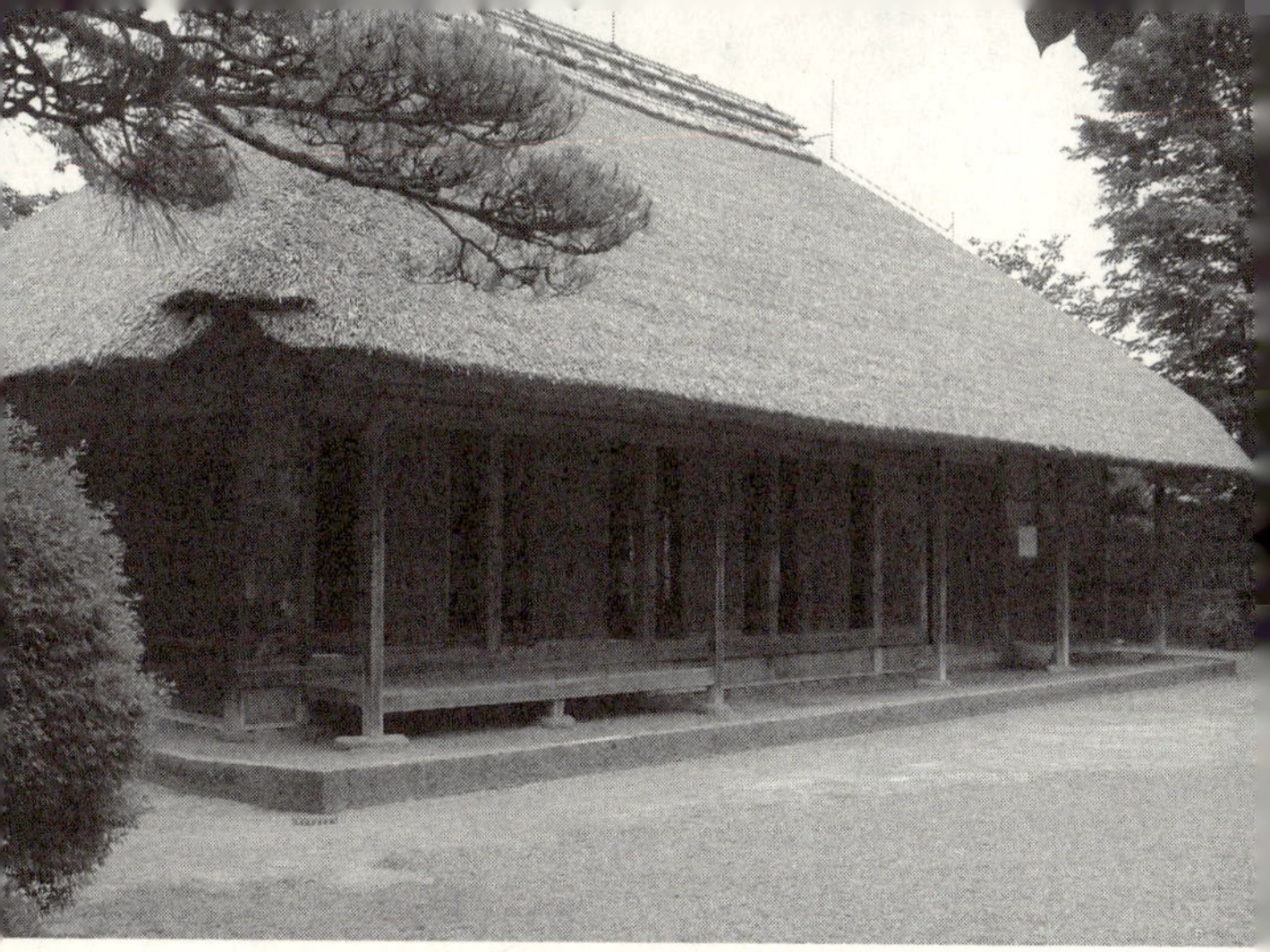

栢山（小田原市栢山）の二宮金次郎生家（尊徳記念館）

けて、ついには破産状態にして寛政《かんせい》十一年（一七九九）九月二十六日に病死してしまった。つづいて享和二年（一八〇二）三月下旬に病に倒れた母も四月四日に亡くなった。ときに金次郎十六歳、弟の友吉が十三歳、下の弟の富次郎は四歳だった。

父の兄・万兵衛宅に引きとられた金次郎は、近くを流れる仙了《せんりょう》川の土手に菜《な》種《たね》を育てて油と交換してもらい、その燈火で勉強し、拾った苗を植えて二俵の米を収穫したりし、十九歳のときに独立して懸命に働き、かつて父が失った家産分を二十三歳のときにはすべて回復して、たくわえまでつくって周囲を驚かせた。以後は小も積めば大となる「積小《せきしょう》為《い》大《だい》」を身をもって実践し、生き方の根本

金次郎が使用した測量器具

思想としたのである。

　そして、二十六歳のとき千二百石取りの小田原藩家老・服部十郎兵衛の若党《わかとう》として仕えた。

　やがて困窮しているのに奢侈《しゃし》に流れて、千両近い負債を背負って傾いていた服部家の建て直しを依頼された金次郎は、全権を委ねられることを条件に五年間でこれをやりとげた。

　まず金次郎は服部一族の意識改革を行ない、薪、味噌、漬物に至るまで管理する節約と、負債を低金利の融資に借り替えたり、給される米を備蓄して値上がりを待って売るなどして立派に建て直した。

　こうした経済再建の手腕を見込んだ藩主・大久保忠真は、金次郎に桜町領の財政再建を依頼したのである。

金次郎がとった復興策とは

桜町の荒廃は金次郎の眉をひそめさせた。

土は痩せ、水に乏しく気候は寒く凶作がつづいていた。

貧困にあえぐ農民は無気力で怠堕《たいだ》になって酒に溺《おぼ》れ、賭博に狂い、窃盗を行なった。田畑には一面にヨシやススキが生い繁って家々をとり囲み、穂先が屋根に接してなにかの拍子に野火が燃えたつと家々もたちまち炎上するありさまで、さらに困窮し追いつめられると農民は他領へ逃亡していった。

こうした状況を視察した金次郎は、大久保忠真に興味深い意見を述べている。

君主はみな領地を復興するのに補助金をあたえてことごとく失敗しているが、その理由は「仁術《じんじゅつ》を施すに金穀を以て助成するのみなるが為に、却って惰民《だみん》（怠惰な大衆）を育成するのみである」（『二宮尊徳伝』佐々井信太郎、以下同じ）と。補助金を出すからみなそれをあてにして怠惰になってしまうのですというわけである。

そこで忠真は「財を用ひてすら復興しない、然《しか》るに今財力を用ひずして成就せんとするには如何《いか》にして可なるか」とたずねた。すると金次郎は「補助金、交付金を自己の利益に活用せんと欲して互に利を争ひ、下民（大衆）は吏僚（役人）の私曲《しきょく》

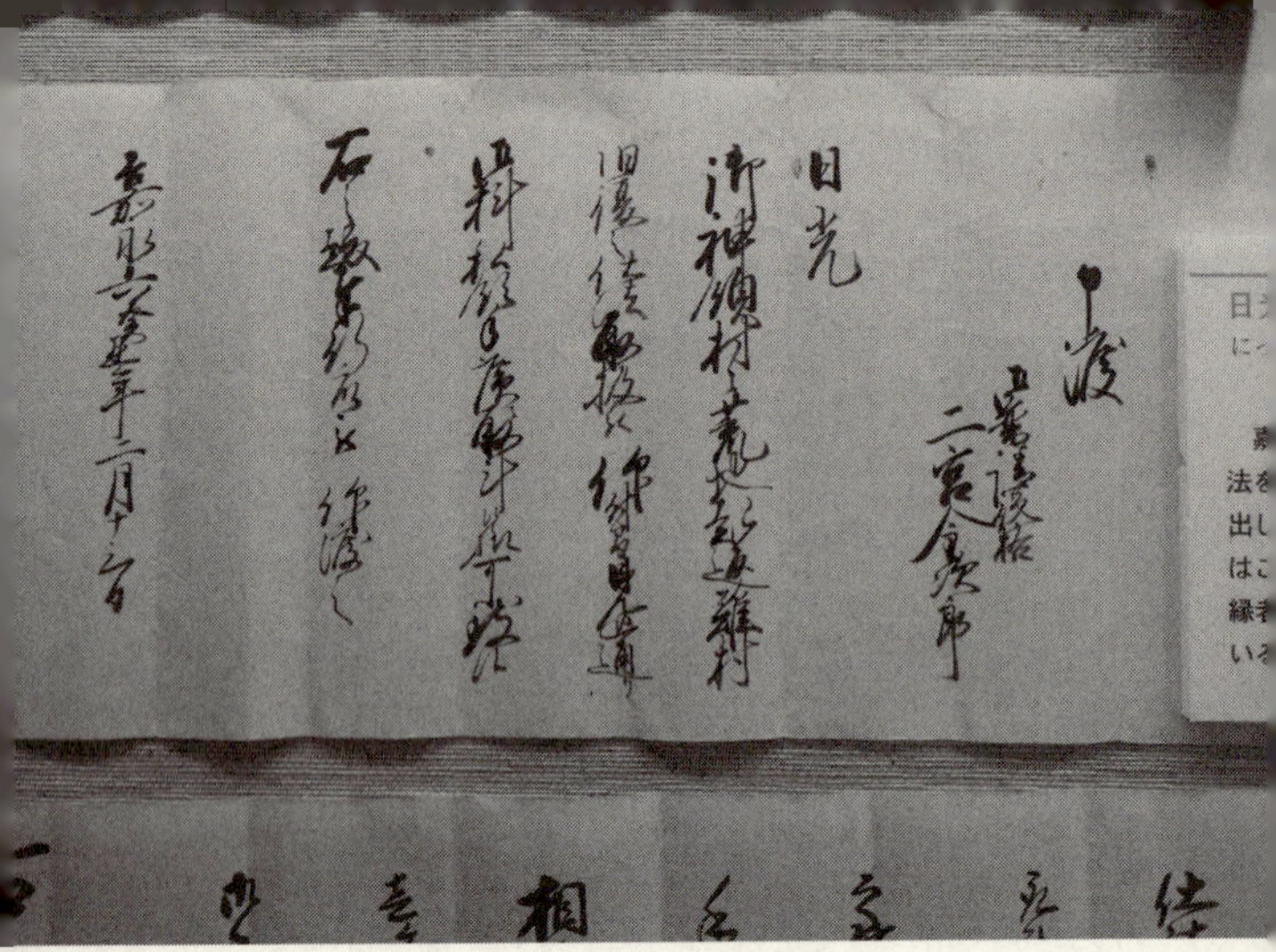

金次郎に対する幕府の命令書

（不正）を論じ、吏僚は民衆の私曲を養ひ、非を暴き利を貪《むさぼ》って復興の道を失ひ、益々人情頽廃《たいはい》に赴く（中略）往古開《かい》闢《びゃく》以来開田せられたもの幾万町歩、其始より金銀を借り来たって起したのではない、必ず一鍬一鋤より開けたのである」とこたえたという。補助金がどのように使われるかを金次郎は見抜いていた。

金次郎はこのあと私有財産をすべて処分して人生の退路を断ち、妻子とともに桜町へ赴くと改革にとりかかった。

まず一世帯ずつ訪問して事情を聞きとった。

耕作を指導し、水利を確認して田畑の境界を正した。善行や勤勉の者を表彰

酒匂川沿いの、金次郎が松の苗を植えた場所

し、悪事は説諭《せつゆ》してやめさせ、食えない者には食糧をあたえた。

崩れたり傾きかけたりしている家々を修理し、湿地に土を入れ乾燥地は掘り下げた。荒地を開発し、移住者を招致して衣食をあたえた。従来から住む者がこの新しい入植者を排除しようとすると金次郎はこれをおさえた。

やがて犯罪者が徐々に減っていき、出産、結婚、分家届が少しずつ増えた。

復興のきざしである。

千俵以下だった年貢が二、三年で千俵を超えた。天保二年（一八三一）には戸数百六十に増え、人口も八百二十八人に伸びた。

ついには三十数年の歳月をかけて、桜町は全国でも類を見ない模範領として再

金次郎の墓（土饅頭。栃木県日光市）

建されたのである。

長い長い気長な努力のたまものだがその基本的な考えは「報徳」にあった。

「報徳」の「徳」とは人や物に独特にそなわっている長所、美点、才能、潜在している可能性などを指している。「報」とはこれらの「徳」を工夫や努力によって生かし、顕在化して経済的・社会的な付加価値を引き出すこと。

たとえばワラの「徳」に人間が「報」すなわち工夫を加えて俵や草鞋《わらじ》をつくり出すということである。

この「報徳」を日常生活で実践しておこたらないで精進していれば、ことさらそれを意識していなくてもごく自然に言動や生き方にあらわれてくると金次郎は考えた。

「上は王侯から下は庶民にいたるまで、おのおのその天分にとどまり、節度を立て、勤倹を守り、分外の財を譲って報徳の資材とし、これによって荒れ地をひらき、負債をつぐない、貧窮をめぐみ、衰村を立て直し、廃国を興こす」（斎藤高行『報徳外記』）と金次郎はいう。

現代日本人がすっかり忘れてしまったこと、というより金次郎は現代の短時日で莫大な利益をあげようとマネーゲームに狂奔する日本人とは対極的な生き方をしたことを思い知らされる言葉である。

金次郎はその後関東の六百余町村の窮乏と荒廃を救済するために活躍し、「墓碑を建てるな、土饅頭《どまんじゆう》をつくって杉か松を一本植えてくれれば充分だ」といい残して安政三年（一八五六）十月二十日に七十歳で没した。

19 天璋院篤姫と和宮【箱根・江の島】

和宮をしのび、箱根を訪れた徳川家定の御台所

故郷・薩摩を発った篤姫

幕末維新の政略結婚で有名なのは、なんといっても孝明天皇の異母妹《いぼまい》・和宮《かずのみや》が有栖川宮熾仁親王《ありすがわのみやたるひとしんのう》との婚約を破棄して十四代将軍・家茂《いえもち》のもとへ降嫁《こうか》したことである。

そして、その和宮の姑にあたる天璋院篤姫《てんしょういんあつひめ》もまた幕末の動乱期であるがゆえに、政略結婚を強いられた女性であった。

天璋院は薩摩藩主・島津斉彬《なりあきら》の叔父・忠剛《ただたけ》の女《むすめ》として天保六年（一八三五）に生まれ、名を敬子《すみこ》といった。

敬子が成長したころの日本は、攘夷《じょうい》論がにわかに激しさをましつつあった。

そして、病弱な十三代将軍・家定《いえさだ》への不安感から将軍継嗣《けいし》問題が浮上しはじめた。

桜島（鹿児島県鹿児島市）

紀州・徳川家の慶福《よしとみ》を推《お》す守旧派である井伊直弼《いいなおすけ》、大奥などの「南紀派《なんきは》」と、水戸の一橋慶喜《ひとつばしよしのぶ》を推す開明派の島津斉彬、松平春嶽《しゅんがく》（慶永《よしなが》）、阿部正弘らの「一橋派」が真っ向から対立したのである。

この一橋派の期待を一身に背負って将軍・家定のもとへ嫁がされることになったのが「丈高《たけたか》く、よく肥《ふと》りたまえる御方《おかた》」（『昨夢紀事』中根雪江）といわれていた敬子であった。

斉彬はまず従姉妹《いとこ》の敬子を養女にし、名を篤姫とあらためた。

徳川将軍家の正室は従来から慣習的に公家方《くげがた》から迎えていたから、篤姫はさらに摂関家筆頭・近衛《このえ》家の当主・忠熙の養女とされた。

篤姫を養女に迎えた忠熙《ただひろ》の夫人は斉彬の父・斉興《なりおき》の養女・郁子（実父は島津斉宣《なりのぶ》）だったから話は早かった。それだけでなく、後で述べるように島津家と近衛家は鎌倉時代からきわめて親密な間柄にあった。

将軍・家定のもとへ送り込む敬子に対して、斉彬は、次の将軍は一橋慶喜に決めてもらうよう努めてほしいといったという。

敬子は数十人の供の者を従えて薩摩を出発した。

嘉永六年（一八五三）八月二十一日の辰の刻（朝八時）のことで、その二か月ちょっと前にはペリーが浦賀に来航して日本はさらなる激動の時期を迎えようとしていた。

篤姫は陸路大坂に向かい、大坂から川船で淀川をさかのぼって伏見《ふしみ》へ向かった。伏見から京都市中へ。

京都では御所の北側に隣接する近衛家を訪れて養父・忠煕を表敬訪問した。

さらに京都から東海道を下って十月十五日には大井川を渡り、十月二十二日には鎌倉に到着し、鶴岡八幡宮に参詣した。

新暦で考えると本殿に登る石段の脇の大銀杏の葉が黄葉している時候で、それは篤姫の目にどう映ったか。

篤姫は、ここで、なにを祈ったのだろう？

そして、江戸の芝・田町の薩摩藩邸に到着したのは十月二十三日である。

なぜ篤姫は鶴岡八幡宮へ参詣したのか

薩摩を出発してから二か月をかけたなんとものんびりした旅だが、途中東海道を外れて鎌倉・鶴岡八幡宮に参詣したのには理由があった。

それは、薩摩・島津家の発祥に関するもので、島津家の祖・忠久《ただひさ》の出自に関わるものだ。何を隠そう、忠久の父は源頼朝で、母は比企能員《ひきよしかず》の妹・丹後局《たんごのつぼね》である。夫・頼朝が丹後局を愛していることを知った正室・北条政子は怒った。

すでに子供を宿していた丹後局は政子に殺害されることをおそれ、やむなく鎌倉を出て西国へ逃れることにし、摂津・住吉（大阪市住吉区）までたどりついたが、そこでにわかに産気づいて住吉神社の境内で男の子を生み落とすことになった。ときに治承三年（一一七九）十二月晦日《みそか》の深夜であった、という。

子供が生まれる前後に激しい雨が降ってあたりを浄め、境内にある稲荷神社のキツネが火をともして丹後局を守ったと伝えられている。

そして、このときたまたま住吉神社に詣でていた摂関家筆頭・近衛基通《もとみち》はこの母子に深く心を打たれ、二人を京へ連れ帰って鎌倉の頼朝にこのことを知らせた。知らせを受けた頼朝は、子供を三郎と名づけた。

丹後局はそのあと基通の仲立ちによって近衛家の家司《けいし》（秘書・執事）であった惟《これ》宗広言《むねのひろこと》（民部大輔）に嫁いだ。広言の妻は畠山重忠の妹であったが、すでに亡くなっていたため丹後局は後添えになったのだ。

ここで三郎は惟宗姓をあたえられ、七歳になったとき実父の頼朝に会い、のちに元服するとき烏帽子《えぼし》親をつとめた畠山重忠から「忠」の字をもらって「忠久」と名乗ることになった。忠久はそののち重忠の娘を妻にしている。貞嶽夫人である。

頼朝とこのような関係にあったからだけでなく、忠久はきわめて優秀な人物だったから、文治元年（一一八五）に日向《ひゅうが》・島津荘（宮崎県都城《みやこのじょう》市）の下司職《げすしき》（荘官）

に任じられ、翌二年には地頭職に出世して島津姓と丸に十の字の紋を拝領した。このころの島津荘は宮崎県南部と鹿児島県全域の南九州一帯を指すから広大な領地である。

そして、薩摩に下った忠久はさらに翌年に薩摩・大隅《おおすみ》・日向の南九州三か国の守護職に任じられた。

やがて惟宗姓から島津姓を名乗るようになった忠久は、武勇にも秀でていたから、文治五年（一一八九）の奥州・藤原氏攻略で先鋒をつとめ、戦功をあげた。すでに頼朝側近の御家人として鎌倉幕府の中枢にあったのだ。

しかし、建仁《けんにん》三年（一二〇三）、比企能員が対立する北条時政に殺害され、居館（鎌倉・妙本寺《みょうほんじ》）を夜襲されるという事件が起こった。

このため、能員の甥である忠久は比企氏側で反・北条と目され、南九州三か国の守護職を解任されることになった。

ただし、忠久は事件とは関係がなかったので、すぐにその地位は回復された。

島津忠久は和田義盛の乱、承久の乱にも著しい戦功を挙げ、承久《じょうきゅう》三年（一二二一）には近衛家の猶子《ゆうし》（養子）となって藤原姓と桐と牡丹の紋をさずけられた。

薩摩のほかに伊勢、若狭、甲斐、信濃、越前にも所領を得て頼朝に深く信頼され、周囲は忠久を「昵近伺候人《じっきんしこうにん》」と呼んだという。きわめて親しく頼朝のそば近くに仕える人、という意味である。よほど優秀で魅力的な人物であったのだろう。

忠久は嘉禄《かろく》三年（一二二七）六月十八日、鎌倉で亡くなった。赤痢であったとも脚気《かっけ》であったともいわれる。享年四十九。

墓は本立寺《ほんりゅうじ》（鹿児島市清水町）と感応寺《かんのうじ》（鹿児島県出水《いずみ》市）にあるが、鎌倉・西御門《にしみかど》の頼朝の墓に向かって右側の谷の奥にもある。大江広元の墓とならんでいるそのヤグラのなかの忠久の墓は、安永《あんえい》八年（一七七九）に島津斉彬の曽祖父・重豪《しげひで》が補修したものだ。

島津氏の出自の「真実」とは

こうした『島津国史』『島津氏正統系図』に記された島津家の祖・忠久が頼朝と丹後局の子供であったという説は、すでに江戸時代から俗説「偽源氏説」であり、史実ではないといわれてきた。ただのつくり話にすぎず、信じるに値しない、というわけだ。

では、真実（?）はどうであったのか。

島津氏の出自は、近衛家の家司であった帰化人の秦《はた》氏の子孫である惟宗基言《もとこと》の子・広言が、近衛天皇のころ播磨少掾《はりましょうじょう》を辞して近衛家に仕えた。

そして、近衛家の領地であった島津荘の下司職として現地に赴任したことにはじまるという。この広言の子が忠久だといい、あるいは忠久は広言ではなく、同族の忠康《ただやす》の子だともいわれる。

が、どちらにしても忠久は近衛家の家司であった惟宗一族の一人であったということで、やがて惟宗から島津に姓を変え、頼朝が鎌倉で力をもつと、早い時期に駆けつけて忠誠を誓って服属して信頼を得、近侍《きんじ》するようになったということだ。

つまり、篤姫が源氏の氏神である鶴岡八幡宮に詣でた背景にはこうした経緯があった。

徳川将軍家に輿入れするのだから、藩祖に関する物語が史実でなかろうと、たとえ信じるに値しない「偽源氏説」であろうと篤姫の立場としては「藩祖・忠久は頼朝の子である」と頭から信じるしかない。

それなりに島津一族と自分に箔《はく》づけしておかなければならないからだ。

その箔づけのために篤姫は鶴岡八幡宮だけでなく、西御門の重豪が補修したばかりの忠久の墓にも詣でて掌を合わせたにちがいない。

大奥で隠居の身となった篤姫

篤姫は安政三年（一八五六）に十三代将軍・家定のもとに御台所《みだいどころ》として入輿《じゅよ》し

た。家定はやや頭が弱く病弱で、豆を煎《い》るのが楽しみという心もとない将軍であったから、先に述べたように篤姫はなにがなんでも将軍継嗣を一橋慶喜に決定させる、という重大な使命をおびて二十一歳で江戸城に入ったのである。

しかし、安政五年（一八五八）、大老に就任した井伊直弼が強権を発動して勅許《ちょっきょ》（天皇の許可）なしで一挙に日米修好通商条約の調印にもちこみ、次期将軍を紀伊の慶福と決定してしまった。

その直後、夫の家定が三十五歳で亡くなり、篤姫は結婚してわずか一年七か月で未亡人になった。

いいかえれば、篤姫は大奥の隠居として天璋院を称するようになった。

加えて養父の島津斉彬が急死するという悲運に見舞われたが、天璋院は十四代将軍・家茂《いえもち》となった慶福を迎え入れる立場をとった。

やがて時代は急転回し、公武合体論によって和宮降嫁が決定するが、天璋院はみずからの意思で大奥にとどまり、家茂を陰からバックアップすることにひたすら努めた。

また、武家出身の天璋院は徳川家の姑として当初朝廷の和宮と対立したといわれるが、これは側近同士の対抗意識によるイザコザであったといわれ、境遇が似ている二人は、まもなく親密になった。

和宮降嫁のときの箱根の助郷入用帳（箱根塔の沢・環翠楼蔵）

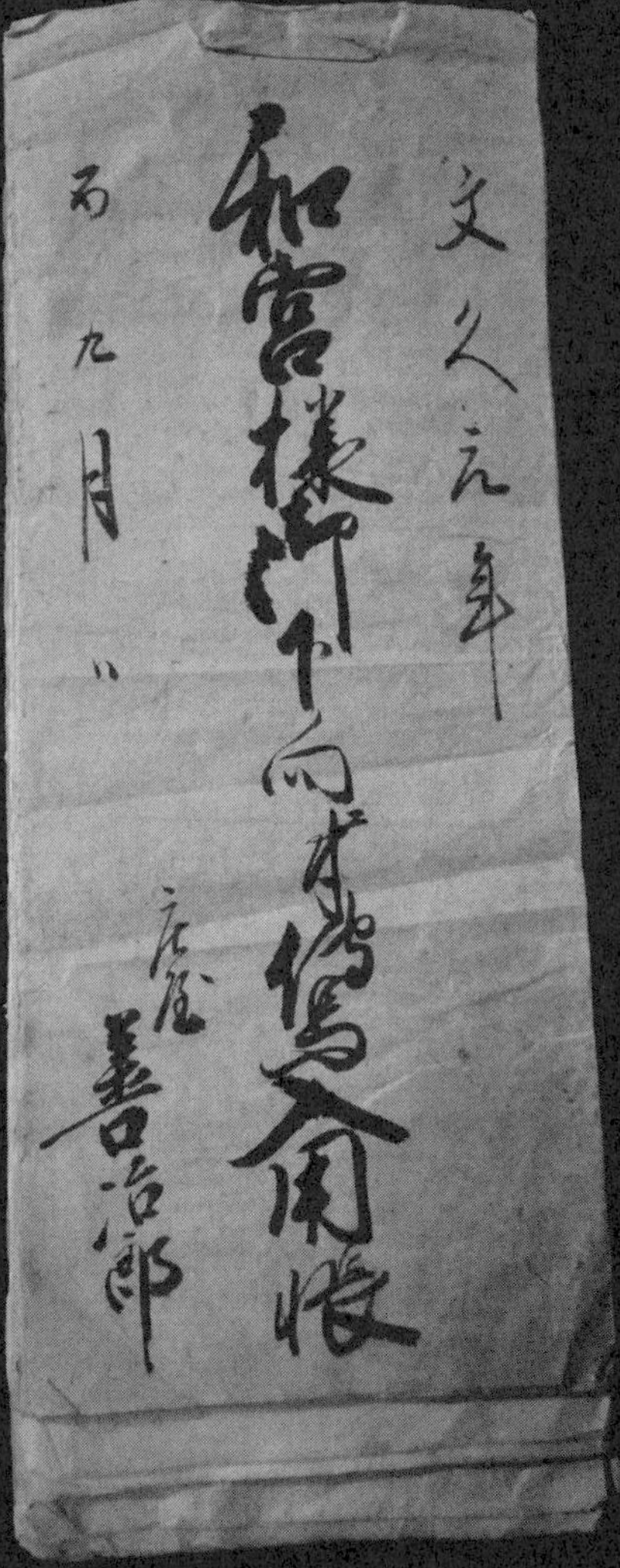
文久元年

和宮様御下向御傳馬会所殿

酉九月

庄屋
善治郎

西郷と勝の会見場跡（東京都港区芝）

その後、家茂は大坂城において脚気衝心《しょうしん》（心臓脚気）のため二十一歳で急死し、和宮も未亡人となり、公武合体論は結実をみることなく幕府は一気に瓦解して、慶応四年（一八六八）には江戸城を無血開城することになった。

勝海舟と西郷隆盛の話し合いで戦火を避けることができたとはいえ、このときは天璋院と和宮の願いによって薩長を中心とする東征軍が攻撃をとりやめたともいえる。当然のことながら天璋院が旧知の西郷隆盛たちに働きかけ、和宮は朝廷に働きかけて徳川家を守ったのだ。

このとき十五代将軍・慶喜は恭順の意を表して上野・寛永寺大慈院にひきこもっていた。

江戸城には主がいなかったのだ。

そして、島津斉彬の養女である天璋院と孝明天皇の異母妹である和宮が留守番をしている江戸城を、東征軍が銃や大砲で攻撃できるはずもなかった。

維新後の天璋院は一橋邸から青山の紀州屋敷、尾州の下屋敷、赤坂の相良屋敷、千駄ヶ谷と移転し、晩年は徳川家の後継者・田安亀之助（のちの家達《いえさと》・公爵）の養育に心血をそそいだ。あくまでも天璋院は徳川家の女であることを貫き通したのである。

といっても、天璋院は四六時中天下国家のことばかり考えて生きていたわけではない。

飼い猫の「サト姫」を可愛がったり、夕食のときは酒の三升徳利（！）をそばに置いて少しずつ飲むことを楽しんだり、亀之助のために針仕事をしたりした。

気が向けば天璋院は蝙蝠傘《こうもりがさ》を杖に、赤坂・氷川《ひかわ》町にあった勝海舟の家をたずねた。明治という新しい時間のなかで、大奥で生活していたときとはちがう自由を満喫できるようになっていたのだ。

天璋院は海舟の案内で料亭・八百善や柳屋でおいしい料理を愉《たの》しみ、気さくに吉原や芸者置屋へも遊びに行った。

そんなときは夕方から深夜まで、隅田川に浮かぶ舟で海舟と話しこんでいたという。

「よく舟でお話があったと見えまして」(『海舟座談』附録・森田米子談)という状況である。

天璋院と会った日、海舟は夜中の二時か三時に帰宅したというから、ほんとうに話だけかどうか、怪しい。海舟は妻妾同居させている名うての女好きだったから。

が、この老いらくの恋(?)は天璋院が人生を精一杯楽しんだという気配でいい感じだ。

和宮をしのんで箱根を訪れる

明治十三年(一八八〇)九月二十三日に東京を出発した四十五歳の天璋院は十月三十一日に帰宅するという長い旅に出た。

まず江戸城を出て新橋へ。

新橋から開通まもない陸蒸気《おかじょうき》(鉄道)で横浜へ。

将軍御台所であった天璋院が蒸気機関車「弁慶」が黒煙を吐き出しながら引っ張る列車に乗って「汽笛一声新橋をはや我《わが》汽車は離れたり 愛宕《あたご》の山に入りのこる月を旅路の友として」を味わい、供の女性たちが驚きの声をあげているのは、なんともシュールなイメージだ。

篤姫が滞在した恵比寿屋（藤沢市江の島）

横浜からは、人力車で藤沢の遊行寺《ゆぎようじ》へ。

遊行寺からやはり人力車に乗って江の島見物をし、そのまま江の島に泊まった。

というのは、藤沢宿の坂戸町（藤沢市藤沢）に蒔田《まいた》本陣があったが、すでに明治三年（一八七〇）に店じまいしていたからだ。

天璋院が二十三日に東京を出て、おなじ二十三日に藤沢に到着して江の島見物をしているのは、やはり蒸気機関車のおかげだろう。駕籠《かご》で移動していれば、保土ヶ谷宿か戸塚宿泊まりである。

列車の窓からながれこむ石炭の煙のにおいに顔をしかめながらも、賢い天璋院は日本が急速に近代化していることを敏

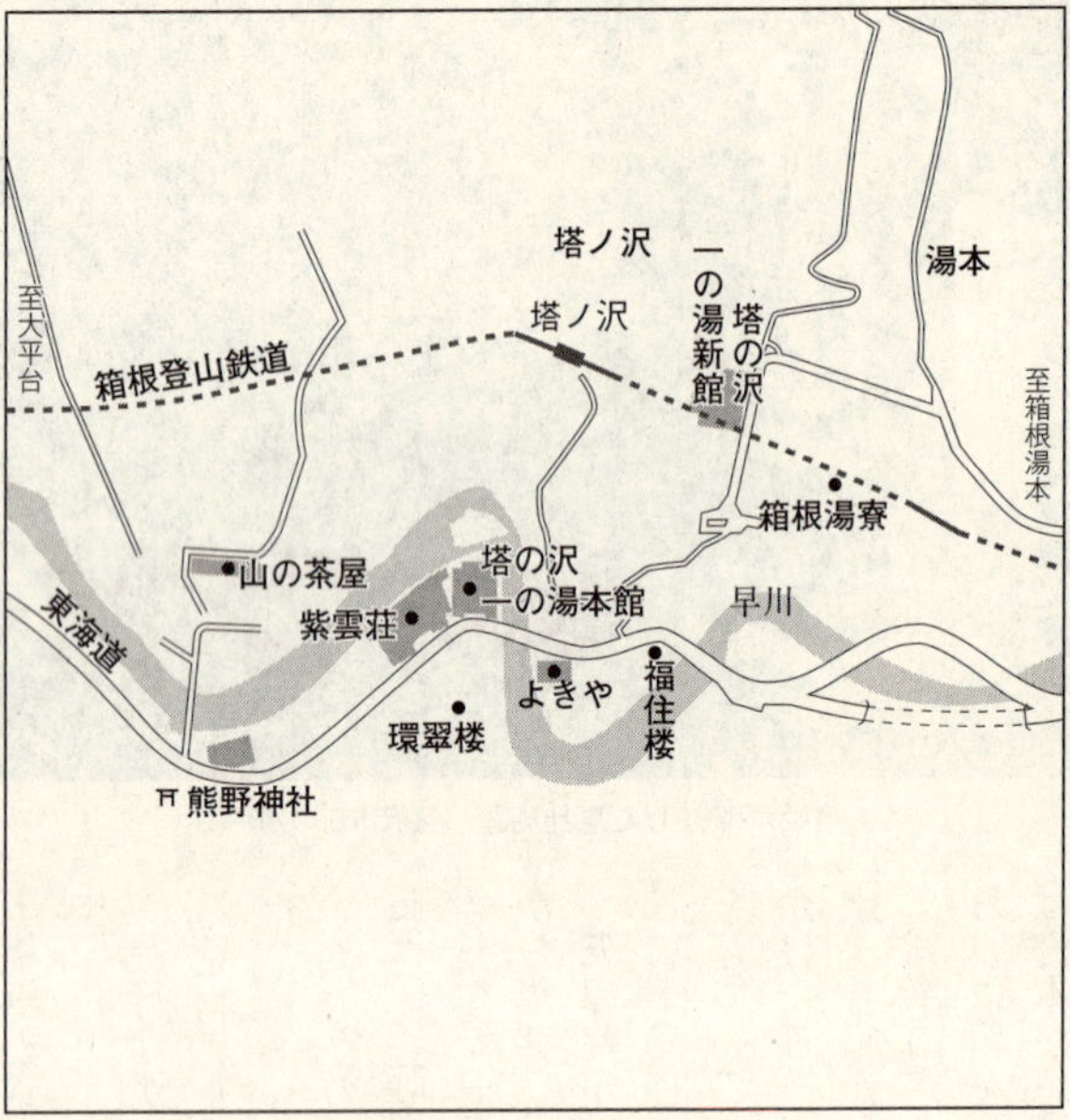

感に感じ取ったに違いない。

　また、天璋院はかつて薩摩から江戸へ向かうとき参詣した鎌倉・鶴岡八幡を訪れることはなかった。

　参詣しても慶応四年（一八六八）に発布された「神仏分離令」のため鶴岡八幡には仁王門も護摩堂も、経蔵も多宝塔も、鐘楼も愛染堂も本地堂も破却されて見る影もなかったから、立ち寄らなかった方がよかった。

　二十四日に藤沢を発《た》った天璋院は東海道を利用して

和宮が使用した漆器（箱根塔ノ沢環翠楼蔵）

小田原へ行き、この町に一泊し、翌二十五日に海岸沿いの道を西に向かって熱海に到着した。

熱海には約一か月滞在し、この間健康のために運動にいそしんだという。まさかジョギングはしなかっただろうから、あちこち散歩したくらいのところだろう。

そして、箱根へ回った。

箱根では宮ノ下・奈良屋に二泊し、十月三十日に坂を下って塔ノ沢を訪れた。生涯にただ一度の旅行でこの地を訪れたのは、和宮（静寛院宮《せいかんいんのみや》）をしのんでのことだった。

これより三年前の明治十年（一八七七）八月、和宮は脚気を発病した。

和宮は侍医の勧めでこの塔ノ沢に滞在

して湯治を試みた。脚気などふだんビタミンB_1を摂取していればかからない病気だが、当時は原因不明の死病だったのだ。

湯治は効果なく、和宮はこの地の旅宿・環翠楼《かんすいろう》で九月二日に夫・家茂と同じ脚気衝心（心臓脚気）で亡くなった。

ついでながら和宮が死んでまもない九月二十四日には西郷隆盛も鹿児島・城山で被弾し、腹を切って死んでいる。おそらくその西郷のことも思い出しながら塔ノ沢に入った天璋院は環翠楼に立ち寄って、三十二歳で死んだ和宮や西郷のことを想い、日記に「むねふたがり、懐旧《かいきゅう》のなみだ袖をしぼりぬ」と書いた。

和宮とは出身も立場も異なっていたが、自分自身とよく似た境遇にあって「同志」として徳川家存続のために協力しあった。天璋院は二人で徳川家を守り抜いたときのさまざまな思い出をよみがえらせ、哀しみに襲われて和宮を追悼する和歌をつくっている。

君か《が》よ《代》は　ひそめかねたる　早川の　水のなかれ《流》も　うらめしきかな

音を立てて流れる早川のような時の過ぎゆく速さを恨み、和宮の若い死を悼《いた》む哀切な歌である。

増上寺にある和宮の墓

そして三年後の明治十六年（一八八三）十一月十三日の午後、住んでいる千駄ヶ谷の徳川邸で入浴したあと、座布団に座ったところ、天璋院はにわかに中《ちゅう》風《ふう》にあたった。

脳出血か脳梗塞か。

大磯に日本最初の海水浴場を開いた松本順医師や外国人医師が手当てをしたが、好転することなく、天璋院は十一月二十日、四十八歳の生涯を閉じた。墓は上野・寛永寺の家定の墓の隣りに建てられ、かたわらに琵琶の木が植えられた。天璋院が琵琶の実を好んだからである。

激しい歴史の流れに翻弄されながらも、みずからの立場を守った彼女の姿は毅然としていた。誇り高い武家の女性を代表する女傑であったといえよう。

20 夢を走らせた男【箱根】

馬車鉄道敷設の夢は実現したのか

二宮塾に入った大沢政吉

大沢政吉（のちの福住正兄《ふくずみまさえ》）は文政七年（一八二四）八月二十一日、相模・大住郡片岡村（神奈川県平塚市片岡）の名主《なぬし》・市左衛門の五男として生まれた。幼いときから儒学、和歌を学び、四書五経を素読《そどく》して十六歳のころから農業を行なった。

二十一歳のとき政吉は医師を志し、父・市左衛門に相談したところ「国を救う大医である尊徳（二宮金次郎）先生に入門したらどうか」とすすめられて二宮塾に入り、門下生の一人になった。

二宮塾には講義はなかった。尊徳の生活を眺め、その話をよく聞いて記憶する。粗衣粗食、深夜に就寝し、早《そう》

福住正兄像（福住蔵）

暁《ぎょう》に起床する。尊徳の身辺の世話、下書きの清書、代筆、地方の農地巡回に随行した。尊徳の身辺にあってひたすら禁欲的な禅僧に似た生活を送る毎日なのだが、これを政吉は「比類なき仕合せ」（『福翁昔物語』）と感じていた。そして政吉は二十七歳になった嘉永三年（一八五〇）、二宮塾を退塾した。兄が養子の話を持ってきたからである。

政吉は火事に遭うなどしてすっかり家運が傾いていた箱根・湯本村（神奈川県足柄下郡）の旅館・福住に婿入りして、十代・福住九蔵を襲名した。

この養子縁組が決まったとき、尊徳は「己れを恭《うやうや》しく正しく温泉宿をするのみ」といった。「己れを恭しく」とは「品行を慎んで、堕落しない」というこ

とだった。

九蔵は早速「正直」と「安値」と「貴《き》賤《せん》の差別」をしない経営方針を定め、福住はみるみる立ち直り、繁盛しはじめた。

養子になった翌年の嘉永四年（一八五一）秋、九蔵は湯本村の名主になり、安政三年（一八五六）には箱根十四か村取締役になった。

同時に九蔵は湯本に十数軒あった宿の、いい加減に設定された宿泊料や、酒代を脅し取る習慣があった駕籠代、土産物や結髪《けっぱつ》、按摩《あんま》などの料金を適正化したから、湯本全体がどんどん賑わうようになっていった。

九蔵はよく働いた。家督を継いだ二十七歳から四十を越えるまで、誰よりも早

箱根湯本馬車鉄道ターミナルの古図

く起きて入浴し、神仏を拝し、早立ちの客を送り出した。そのあとは帳場で本を読みながら使用人を指示した。番頭を置かなかったのは人件費を節約するためであった。

この間、二回の大地震や大火災、幕末の動乱を乗りこえた九蔵は、明治四年（一八七一）四十八歳で長男に家督を譲って「正兄」と改名した（以下・正兄）。

また、この前の年の十月、正兄は福住に湯治に来た福沢諭吉と出会って大きな影響を受けた。

正兄は十歳も年下の諭吉の学識を尊敬し、諭吉は正兄の社会の変化に対応してきた行動力、実践力を尊敬した。「己れを恭しく」と考える東洋的な思想に基づく正兄と「物事の道理を求めて今日の用

を達すべきなり」（『学問のすゝめ』）という西欧的な合理主義をいちはやく吸収した諭吉はすぐさま意気投合した。

二人は地方地方のコミュニティを豊かに向上させることが日本の繁栄につながり、そのために文明開化の時代にふさわしい先進的な民間経済活動をやろうと考えていたのである。

日本初の有料道路

明治六年（一八七三）三月十六日、諭吉は『足柄新聞』に「箱根道普請の相談」という箱根七湯の人々に向けた強烈な文章を書いた。

「人間渡世の道ハ眼前の欲を離れて後の日の利益を計ること最も大切なり……（中略）……湯場（箱根）の人々無学のくせに眼前の欲ハ深く」と指摘し、湯本と塔ノ沢の間に新道をつくることを提案する挑発的な記事である。

この記事に共感した正兄は二年後の明治八年（一八七五）五月、板橋村（小田原市）から湯本村字山崎（箱根町）に至る約四・一キロの東海道の道幅を約四・五〜五・四メートルに広げ、途中の難所であるお塔坂を開削する工事にとりかかった。費用は「道銭（通行料）」を五年間徴収して償却する計画で、これが日本最初の有料道路となった。

福住（足柄下郡箱根町湯本）

箱根湯本馬車鉄道ターミナル跡（河鹿荘前）

五年間で徴収した道銭は一千六百二円四十銭四厘。

工事費は一千六百八十五円七十二銭八厘。その他諸経費を差し引くと計二百十円二十八銭三厘の赤字が出た。この内百二十三円余を正兄個人が負担した。

しかし、とにかく道路が開削されて湯本のすぐ近くまで人力車や乗合馬車が入るようになり、箱根を訪れる客も増えた。

正兄は満足し、つづいて二期工事として湯本村字山崎の台地の峻難な坂道を切り通しとして三枚橋に至る約五百十メートルの開削にとりかかった。これは難工事だったが、明治十五年（一八八二）にはようやく湯本まで人力車や馬車で行けるようになった。

鉄道の上を走った二頭立ての馬車

明治二十年（一八八七）七月、東海道線が新橋から国府津まで開通し、箱根を避けて山北、御殿場経由で沼津へ行くコースが決定したため、正兄は国府津・湯本間に馬車鉄道を敷設することにした。

一年後。

明治二十一年（一八八八）十月一日、東海道線の国府津停車場前から小田原を経由して湯本村まで敷設された鉄道の上を、定員六名、立ち席を入れると十二、三名で超満員になる小さな車輌を曳く二頭立ての馬車が走った。

この馬車鉄道は国府津から小田原、板橋村、お塔坂（小田原市）まで東海道を通り、湯本村字山崎の切り通しの急峻な坂道を避けて風祭《かざまつり》（小田原市）の手前から早川の左岸を堤防に沿って走った。

三枚橋の手前で早川に架けられた前田橋を渡って右岸を通り、再び早川に架けられた落合橋を渡って左岸を走り、湯本村の終点（箱根湯本・河鹿荘《かじかそう》の前）に着いた。所要時間約一時間二十分である。

正兄は「明治八年官に乞ふて車道を開きてより、漸々に工事を重ねて今の道となせるを、今廿一年にこの朝日（旭）橋と国府津停車場の間三里九町（一二・九キ

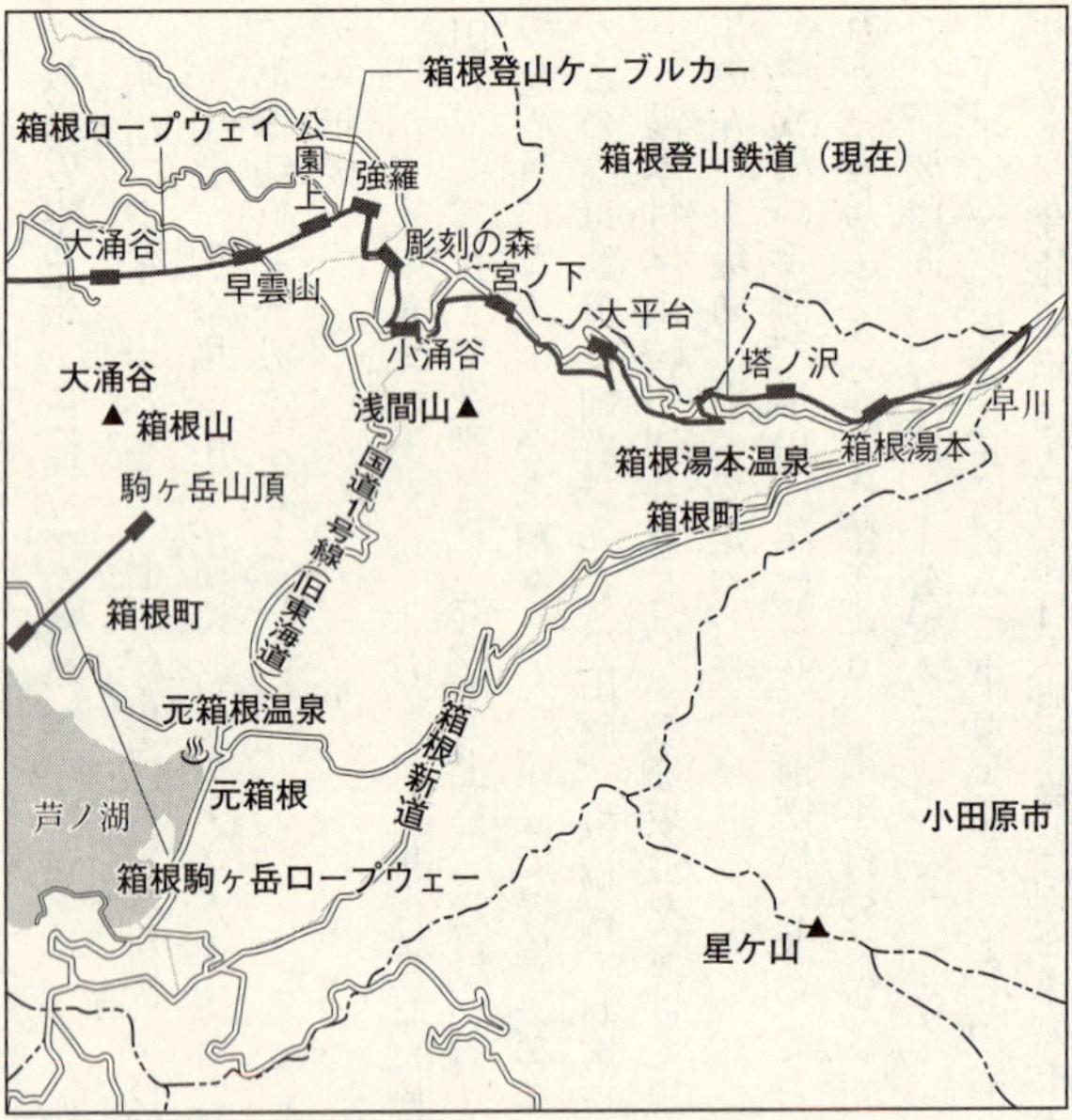

ロ）、馬車鉄道の通路となれるなり。十四年前を思へハ《ば》実に夢の如くになん」（『箱根七湯志 増補版』）といった。

正兄にとって馬車鉄道は自分の夢が走っているように映ったのである。この馬車鉄道のおかげで東京・湯本は日帰りできることになって、「箱根七湯の繁昌昔日に百倍せり」（『箱根温泉誌』）というほど繁盛したのである。

明治二十五年（一八九二）五月二十日、正兄は六

早川（箱根湯本）。馬車鉄道はこの場所から対岸に渡って左折した

十九歳で亡くなり、馬車鉄道はその八年後の明治三十三年（一九〇〇）三月二十一日から電車に変わった。これが現在の箱根登山鉄道である。

いま、大多数の人は偉大なことができたのは昔のことだからで、現代は個人ではなにもできないというが、正兄は著書のなかでこう述べている。

「昔の木の実は大木になるが、今の木の実は大木にならぬ、というわけは決してござらぬ。昔の木の実はすなわち今の大木、今の木の実はすなわち後世の大木に相違ない」（『富国捷径』）と。

本書は、テレビ番組「泉秀樹の歴史を歩く」
を原案として書き下ろしたものです。

著者紹介
泉 秀樹（いずみ　ひでき）
1943年静岡県生まれ。慶應義塾大学文学部卒業。産経新聞、三田文学などで記者・編集者を経て、73年に小説『剥製博物館』で第5回新潮新人賞を受賞。近年は歴史読物を中心に執筆活動を行なう。著書に、『文物の街道』（恒文社）、『海の往還記』（中央公論社）、『戦国街道を歩く』（立風書房）、『日本暗殺総覧』（ベストセラーズ）、『この20人は、なぜすごいのか』（PHP文庫）、『江戸の未来人列伝』（祥伝社黄金文庫）など多数。

編集協力：木村 潤

PHP文庫　歴史を歩く 深掘り神奈川

2015年12月17日　第1版第1刷

著　者	泉　秀　樹
発行者	小　林　成　彦
発行所	株式会社ＰＨＰ研究所

東京本部　〒135-8137 江東区豊洲5-6-52
文庫出版部　☎03-3520-9617(編集)
普及一部　☎03-3520-9630(販売)
京都本部　〒601-8411 京都市南区西九条北ノ内町11
PHP INTERFACE　http://www.php.co.jp/

組　版	朝日メディアインターナショナル株式会社
印刷所 製本所	図書印刷株式会社

　ISBN978-4-569-76456-6